庫

コンヴィヴィアリティのための道具

イヴァン・イリイチ
渡辺京二 渡辺梨佐 訳

筑摩書房

TOOLS FOR CONVIVIALITY

by Ivan Illich

Japanese translation rights arranged with MARION BOYARS LTD.
through Japan UNI Agency, Inc.

目次

謝辞

産業成長の上限に関する多元的分析は、ヴァレンティーナ・ボレマンスと私の共著のスペイン語の文書の中ではじめて定式化され、メキシコのクエルナバーカにあるCIDOC（国際文化資料センター）で開かれた、二十数名ほどのチリ社会主義者と他のラテンアメリカ人の集会に討議資料として提出された。第二版はキプロスにおけるリチャード・ウォルハイム教授主催のゼノ・シンポジウムに提出され、パリの『エスプリ』誌の一九七二年三月号に、トマス・アダム、ピエール・コサ、J・P・シュヴエヌマン、ポール・フレッス、イヴ・グソー、ピエール・ケンデ、J・W・ラピエール、ミッシェル・パノフ、アンリ・ペキニョ、ジャン・マリー・ドムナック、ポール・ティボーによる批評づきで掲載された。第三版は、一九七二年一月にオタワで開かれたカナダ法律会議に私の亡き友人グリア・テイラーと私が参加するための基礎資料となった。デイヴィド・ヴァイスタブ、ニルス・クリスティ、アレン・M・リンデン、J・G・キャステル、H・W・アーサーズ、ホセ・アントニオ・ヴィエラ＝ガリョ、J・C・スミス、ボナベントゥラ・デ・ソウサ・サントスによるコメントと、法律家による他の批評が、一九七三年の半ばにトロントで公刊される予定である。一九七二年の夏じゅう、私のCIDOCセミナーに参加した人々は、とても役に立つ論文を寄せてくれた。私はとくに次の人々の助力に感謝している。ジョン・ブラッドリ、ジョン・ブリューワ、ホセ・マリアとベロニカのブルネス兄妹、マーティン・コーエン、イレーネ・クルベロ・デ・ディアス、デニス・デッツェル、ジョセフ・フィッツパトリック、アムノン・ゴールドワス、コンラッド・ジョンソン、ハルトムート・フォン・ヘンティヒ、ジョン・マクナイト、マイケル・マコビー、レズリー・マーカス、フランシスコ・ミロ・ケサダ、マリー＝ノエル・モンテーユ、ウィリアム・オフルス、マルタ・H・リード、エヴァレット・ライマー、フランシスコ・バレラ、エティエンヌ・ヴェルヌ、ジャック・ヴィダル、ジャーマン・ザバラ。デニス・サリヴァンは最終手入れにおいて忍耐深くかつ批判的に私に助力してくれた。この草稿を出版社に送付したあとで、インドのJ・P・ナイクとその友人たちから貴重な示唆をいただいた。それは校正段階でできる範囲で本文にとりこまれている。ヴァレンティーナ・ボレマンスとグリア・テイラーに次いで、私の考えを定式化する上でもっとも決定的な影響を与えてくれたのは、ハインツ・フォン・フェルスター、エーリヒ・フロム、ハーマン・シュヴェムバー、アブラアン・ディアス・ゴンサレスである。

コンヴィヴィアリティのための道具

はじめに

これから何年かのあいだ、私は産業主義時代の終焉というテーマと取り組んで行くつもりだ。パッケージ化と学校化の現代に生じた言語・神話・儀式・法の変化のあとを私はたどりたい。産業主義的生産様式の独占の退潮と、この生産様式が提供する産業主義的起源の諸職業の消滅とを、私は記述したいのだ。

私はとりわけ、人類の三分の二が、その生産様式における脱産業主義的な均衡をいまただちに選択することによって、産業主義時代を経過せずにすますことが、いまなお可能であることをはっきりさせたい。そういう脱産業主義的な均衡は、高度に産業化された諸国民も、混沌状況へおちこむことを望まないならば、採用しないわけにはいかないのである。こういう課題への準備作業として、私はこの論文を大方の批判にゆだねる。

この本がいまの形をとるに至ったのは、一九七二年の夏に行われたクエルナバーカのCIDOC（国際文化資料センター）での討論のおかげである。私のセミナーに参加してくださった人々は、自分たちの考えや、いやしばしば自分たちの言葉そのものすらこの本の中に認めることだろう。私はわが仲間たちに、とくに文書の形で意見を述べてくださったことに対して、心からの感謝をお受けいただきたいと思う。

この論文は雑誌に一回で発表するには長すぎるし、何回かに分載するにしてはいりくみすぎたものになってしまった。これはひとつの中間報告である。この小冊子をハーパーアンドドロー社の『世界を展望する』の一冊として刊行できたことについて、ルース・ナンダ・アンシェン氏につつしんで御礼を申し上げたい。

この数年、クエルナバーカの国際文化資料センターで、私たちは産業主義的生産様式について批判的に検討して来たし、さらに脱産業主義時代に適合する替りの生産様式を、はっきり規定しようと努めて来た。六〇年代の後半には、この検討は教育制度に集中された。一九七〇年までに、私たちは次のことを明らかにした。

1　強制的な学校化によって万人に普遍的教育を与えるというのは、とうていできない相談である。

2　大衆教育の生産と市場商品化という代案は、学年編成の義務的学校よりも技術的には実行可能だが、倫理的にはよりたえがたいものである。こういう新しい教育的配置は、富める国においても貧しい国においても、伝統的な学校制度にいまやとって替ろうとしている。それは産業主義的経済における就業者と消費者を条件づけするうえで、潜在的により効果がある。それゆえに、今日の社会を管理するうえでより魅力的であり、国民にとっても誘惑的であり、気がつかぬうちに基本的な諸価値に破壊的な影響を及ぼす。

3　産業成長に教育的限界を設定しうるものがあるとすれば、それは相互学習と批判的な人格的交流が高いレベルに達した社会でなければならない。

私はこの検討の結論を『社会を脱学校化する』と題して、叢書『世界を展望する』の一巻として刊行した。その本でうまく述べられなかった論点のいくつかは、『サタデイ・レヴュー』の七一年四月十九日号にのった論文で解明しておいた。

学校化の分析の結果、教育の大量生産は、教育以外の産業主義的諸企業、つまりサービス商品を生産したり、公益事業として組織されたり、その産出物を基本的必需品として規定したりするような企業にとって範例となりうるという認識に、私たちは達した。最初に私たちの注意をひいたのは、専門家によって管理された健康保険への強制加入であり、さらには、ひとたび交通が一定速度をこえると強制的なものになりがちな公共輸送システムである。どのようなサービス機関の産業化も、商品の過剰生産がもたらす周知のやむをえぬ第二次的結果に似た破壊的な副次効果をもたらすということが、私たちにはわかった。人工的製品の産業主義的生産に限界値が内在しているのと同様に、どんな社会のサービス部門においても一組の限界値がさけがたく存在しているのだという事実に私たちは直面した。私たちの結論によれば、産業主義的成長への一組の限界設定は、これらの限界設定が商品に対してだけでなく、同じく産業主義的な様式で生産されるサービスに対しても行われる場合にかぎって、うまく定式化されるのである。だから、私たちはこの限界値を明らかにすることから始めた。

私はここで、人間と彼の道具との関係を評価するための枠組として役立ちうるような、人間生活の多元的均衡という概念を提出しよう。こういった均衡のそれぞれの次元において、自然な規模というものを確定することが可能だ。ある企図がこの規模の一点を超えて成長すると、まず、もともとそのためにその企図がなされた目的を裏切り、さらには急速に社会自体の脅威と化す。そういった規模が確定されねばならないし、さらにその範囲内でのみ人間の生活が存続しうるような人間の営みについての副次的変数が探究されねばならない。

大量生産の限度なき成長が環境を敵対的なものにし、社会の成員が固有の能力を自由に行使することをできなくさせ、人々をたがいに切り離して人工的な殻に閉じこめ、極端な社会の分極化と分裂的な専門化を促進することで、共同体の組織を掘り崩すとき、あるいは、ガンのように悪性の加速化が、社会的変化に、今日の行動の公的な指針としての法的文化的政治的な慣行を否認するような速度を強いるとき、社会は破壊される。このように社会の脅威となるような組織的いとなみはたえしのぶわけにはいかない。こうなれば、企業が名目上、個人によって所有されるか、法人によって所有されるか、それとも国家によって所有されるかといったことは、問題に関係がない。というのは、どんな所有形態であろうとも、このような根本的な破壊行為を、社会の目的にかなうものにすることはできぬ相談だからである。

現代のいろいろなイデオロギーは、産業主義的生産を資本主義的に操作することに依存している社会で見られる諸矛盾を明らかにする上では役に立つ。しかしそれは、産業主義的生産様式自体の危機を分析するのに必要な枠組を提供してくれはしない。いつの日か、産業化の一般理論が正確に叙述されるだろうし、しかも、批評の検証にたえられる、有無をいわさぬ言葉で定式化されるだろう。その一般理論の諸概念は、社会計画や科学技術の査定をおこなう必要があったり、人間が用いる機械が人間とその目標を圧しつぶしがちである場合、機械の力を制限しようとする反対党派の人々が共有できる言葉を提供するはずである。そのような理論は、人々が主要な制度の現在のありかたを逆倒するのに役立つものでなければならない。この論文がそういう理論の定式化に役立つといいのだが。

産業主義的な成長が、いくつかの相互補完的な、異なった、そしてひとしく科学的な生産諸様式によって均衡がとられ、チェックされているような現代社会を想像してみるのは、いまのところは困難である。どういったことが実際に可能なのかという点での私たちの想像力は、産業主義的な期待によってひどく制限されているので、よりいっそうの大量生産にとって替る途は、どんなものであれ、過去の抑圧への逆もどりのように、あるいは、高貴な野蛮人のためのユートピア的計画のように聞えてしまう。しかし実際には、新しい可能性を思い浮べるには、科学上の発見は少なくともふたつの相反する利用のしかたがあることを認識するだけでいいのだ。ひとつのやりかたは、機能の専門化と価値の制度化と権力の集中をもたらし、人々を官僚制と機械の付属物に変えてしまう。もうひとつのやりかたは、それぞれの人間の能力と管理と自発性の範囲を拡大する。そしてその範囲は、他の個人の同じ範囲での機能と自由の要求によってのみ制限されるのだ。

すぐれて現代的でしかも産業に支配されていない未来社会についての理論を定式化するには、自然な規模と限界を認識することが必要だ。この限界内でのみ機械は奴隷の代りをすることができるのだし、この限界をこえれば機械は新たな種類の奴隷制をもたらすということを、私たちは結局は認めなければならない。教育が人々を人工的環境に適応させることができるのは、この限界内だけのことにすぎない。この限界をこえれば、社会の全般的な校舎化・病棟化・獄舎化が現れる。政治が、エネルギーや情報の社会への平等な投入に関わるというよりむしろ、最大限の産業産出物の分配に関わるのが当然とされるのも、この限界内のことにすぎない。いったんこういう限界が認識されると、人々と道具と新しい共同性との間の三者関係をはっきりさせることが可能になる。現代の科学技術が管理する人々にではなく、政治的に相互に結びついた個人に仕えるような社会、それを私は〝自立共生的《コンヴィヴィアル》〟と呼びたい。

あれこれ迷ったすえ、尊敬する友人たちの忠告にさからって、私は、道具が責任をもって限界づけられた現代社会を指す用語として、コンヴィヴィアルという言葉を選んだ。この選択はひとつには、スペイン語でそれにあたる言葉を用いて始められた講義をひきつぎたいというのぞみによっている。フランス語でそれにあたる言葉は、ブリア＝サヴァランの『味覚の生理学——超絶的美味についての考察』によって、台所向きの技術的な意味が与えられている。フランス語におけるこの用語の特殊な用法は、それが私の論文の中で、誤解の余地なく異なったしかもひとしく特殊化された文脈のうちに用いられて、効果的である理由を説明してくれるかもしれない。英語ではコンヴィヴィアルという言葉は、今では宴会気分という意味と同じになっているのを私は知らないではない。それはオックスフォード英語辞典（OED）の指示する意味とは異なっており、現代スペイン語の「節制ある楽しみ《エウトラペリア》」のまじめな意味あいとは対立している。そのまじめな意味こそ私の意図するものなのだ。コンヴィヴィアルという用語を人間よりもむしろ道具に適用することによって、混乱を未然に防げるのではなかろうか。

〝節度〟というのは人についていわれる言葉であり、アリストテレスやトマス・アクィナスにとっては友情の土台を示す言葉であったのだけれど、この言葉も今や質が落ち、苦い味わいがついてしまっている。『神学大全』の第二部第二章第一八六問の第五条で、トマスは修練によって得た創造的な遊戯心を扱っている。答の三番目で、彼は「節度」を、あらゆる楽しみを排除するわけではなく、人格的な結びつきから気をそらせたり、それに対して破壊的であったりする楽しみだけを排除するような徳性と定義している。トマスにとって「節度」とは、彼が友情とかよろこばしさとか呼んだより包括的な徳性の一部となってそれを補足するものである。それは、物や道具が人格的な結びつきにおける「節制ある楽しみ《エウトラペリア》」（あるいは優雅な遊戯心）を高めるのではなく破壊することがある、という理解がこめられた言葉なのである(1)。

I　二つの分水嶺

一九一三年という年は、現代の医療の歴史でひとつの分水嶺をなしている。その年あたりから患者は、もちろんその時の医学によって認められた標準的な疾病のひとつにかかっている場合のことだが、医学校を卒業した医者から専門的な効果ある処置をうける機会が、五〇パーセントをこすようになった。それまでは、地域の病気と治療法に精通し患者から信頼されていた数多くの呪医や薬草を使う民間医が、つねに同等かあるいはそれ以上の治療効果をあげて来たのである。

それ以来医学は、何が病気で何がその処置なのかということを定義し続けている。西欧化された公衆は、医学の進歩によって定義された効果的な医療を要求することをおぼえた。歴史上はじめて、医師は自分たちの能力を、自分たちがつくりだした尺度に照らして計ることができるようになった。この進歩は、古代では天罰と思われていたものの原因を新たに見直すことによってなされた。水は浄化することができたし、幼児死亡率は低下させることができた。ねずみの駆除はペストを無力化させることができた。トレポネーマ菌は顕微鏡のもとで見られるようになったし、サルヴァルサンは患者に副作用を与える一定の危険をともないつつもトレポネーマ菌を除去することができた。梅毒は予防できるようになったし、かなり簡単な手順で診断し治療することができた。糖尿病は診断がつくようになり、インシュリンの自己服用によって患者を延命させることができた。皮肉なことに、手段が簡単になればなるほど、医師という専門職がますますその手段の適用の独占を主張するようになり、医療従事者がもっとも簡単な手段さえ合法的に使用することを許されるまでの訓練期間がますます長くなり、全社会成員がますます医師に依存するようになった。健康維持は美徳から一転して、科学の祭壇で専門的にとりおこなわれる儀式に変った。

幼児死亡率は低下し、ありふれた伝染病は予防されるか治療され、危篤状態への何らかの形での介入が非常に効果を発揮するようになった。死亡率や罹患率のめざましい低下は、公衆衛生、農業、商品販売、全般的な生活態度の上におこった変化のおかげである。しかし、こういう変化は、技術者が医学によって発見された新事実に対して払った関心によって時には影響されたけれども、医者の介入のおかげであることはたまにしかなかった。

産業化は医学がもたらした新しい有効性から間接的に利益をうけた。欠勤が減ったし、それとともに仕事に対する能率の要求も高まった。新しい技術手段の破壊性は、車のスピードや労働の緊張や環境汚染といった産業的暴力の犠牲となった人々に人目をうばう処置をほどこす新技術によって、公衆の目からかくされたのである。

現代医学の胸をむかつかせるような副作用は、第二次世界大戦後には明白になったのだが、医師たちが、薬剤に対して抗性をもつ細菌や胎児期のX線照射による遺伝子損傷を、新しい流行病と診断するには時間がかかった。一世代前にジョージ・バーナード・ショウによってなされた、医師は治療者であることをやめて患者の生活をまるごと管理しようとしているという主張は、まだ諷刺的な戯言とみなすことができた。ようやく五〇年代の半ばになって、医療が第二の分水嶺をこえ、それ自身で新しい種類の病気をつくりだしたことが明白になったのである。

医原病（医者がひきおこした病気）のうち、まずあげねばならぬのは、自分たちは患者にすぐれた健康を与えているのだという医師のうぬぼれである。まず、社会計画立案者と医師がその犠牲となった。たちまちこの伝染性の倒錯は社会全体に拡がった。そしてこの十五年のうちに、専門家による医療は健康への主たる脅威となり、医療によってひきおこされた計りきれぬほどの被害をくいとめるために、巨額の金が費やされた。治療の費用は、病人の命を延ばす費用からするとるに足りぬものになり、プラスティックのチューブをぶらさげられ、鉄の肺にいれられ、腎臓透析装置につながれて、何か月か命を延ばす人々が増加した。新しい病気が定義づけられ、制度化された。人々を不健康な都会と不快な仕事の中で生き続けさせるための費用が急騰した。医療専門職が行使する独占が、すべての人間の生活の日常の出来事の上に、ますます広い範囲で及ぶようになった。

　妊娠していたり、気がふれていたり、怪我をしていたり、病気をしていたり、死にのぞんでいたりする身内や友人たちの世話から、母親たち、叔母たち、その他の素人たちを排除してしまったことの結果として、医療制度が提供できるよりずっと早い割合で医療サービスに対する新たな需要が生じることになった。サービスの価値が上昇するにつれて、人々が自ら世話することはほとんど不可能になった。同時に、技術手段をギルドの管理下におくために、新たな専門化や擬似専門職をつくりだすことによって、処置が必要と定義される条件がますますふやされていった。

第二の分水嶺の頃には、不健康な環境に住み医療に依存する人々の病んだ生命を保護することが、医療専門家の主要な仕事となった。高くつく予防や高くつく医療はますます、以前に医療サービスを消費したことがあるという理由でよりいっそうの医療サービスを請求する権利をえた個々人の特権となるに至った。専門家、権威ある病院、生命維持装置に優先的に近づけるのは、大都市の住民である。大都市では、水処理、汚染防止といった基本的な疾病予防の費用はすでに並はずれて高額なのである。予防の一人当りの費用が高ければ高いほど、皮肉なことに診療の一人当りの費用も高くなった。以前に高価な予防措置と診療を消費したことがあれば、なおいっそう並はずれた医療を要求する権利が生じる。現代の学校制度と同様に、病院に基礎をおく健康管理は、持てるものがより多くを受けとり、持たざるものは現に持っているわずかなものさえ巻きあげられるという原理に適っているのである。学校化においては、このことは、脱落者は自分が失敗したのだと思い知らされるだけなのに、教育の高度消費者は博士号取得後も補助金を受けられるということを意味する。医療においては、同じ原則が、病苦が医学的管理の増大とともに増大すること、すなわち富めるものは医原病に対していっそうの処置をほどこされ、貧しいものはただ医原病に苦しむだけだということを請けあっているのだ。

このふたつめの転回点ののち、医療が生んだ誰も望まぬ健康上の副産物が、単なる個人ではなく全社会成員に影響を与えはじめた。富める国々では、医療は中年の者を、よぼよぼになって、より多くの医師とますます複雑化する医療手段を必要とするまで支えるという仕事を始めた。貧しい国々では、現代医学のおかげで、子どもの大部分が青年期まで生きのび、より多くの婦女子が出産を無事にすますようになった。人口は、彼らの住む環境の受容力と、彼らを養って行くための文化の抑制と効率性とをこえて増加した。西欧の医師は原住民がそれと共生して行くことを学んでいた疾病に薬を濫用した。その結果彼らは、現代医療も生得の免疫も伝統的な文化も対抗できないような新しい系統の病気をつくりだした。世界的規模で、しかしとくに合衆国で、医療は、ますます高価かつ人工的で科学的に制御された環境内での家畜化された生活にのみ適合する種類の人間の育成に力を集中した。一九七〇年度のアメリカ医学会総会での主要報告者の一人は、彼女の小児科の同僚に、すべての新生児は健康であると証明がつくまでは患者とみなされるべきだと力説した。病院で生れ、規定食を与えられ、抗生物質づけになった子どもはこうして、息はでき、食物をとることもでき、そして大都会の生命のかよわない生活にたえて生きのびることができる大人へと成長して行く。こんどはその彼らが、よりいっそう医療に依存する世代を、ほとんどいかなる代償を支払ってでも生み育てて行くことになるのだ。

　官僚制的な医療は全世界に拡がった。毛体制が発足して二十年たった一九六八年に、上海医科大学は、大学が「いわゆる第一級の医者」の訓練に従事して来たが、そういう医者は「五百万の農民を無視して、都市の少数者のみに奉仕している。……彼らはきまりきった実験室での検査に巨額の出費をし、必要でないのに莫大な量の抗生物質を処方している。……彼らはもし病院や実験室の設備をとりあげれば、彼らが何もしてやれず、彼らの説明などちんぷんかんぷんの人々に、病気の機序を説明することくらいしかできない」という結論を下さねばならなかった。こういった認識によって、中国では主要制度のひっくり返しが始まった。今日では、上海医科大学は、百万人の健康相談員が一応の水準の能力に達したと報告している。この相談員たちは素人であって、農業労働力の需要が低い時期に、豚の解剖から始まる短期講習を受け、型通りの実験室での検査の実習、細菌学・病理学・臨床医学・衛生学・針医学の初歩の学習へと進み、さらに医師およびすでに訓練をすませた仲間について実習をつづける。こういった〝裸足の医者〟は自分の職場にとどまりながら、同僚の労働者から援助をたのまれた時には出勤を免除されるのである。彼らは環境衛生・保健教育・免疫処置・応急手当・初歩的な医療・病人の予後に責任をもち、あわせて出産の手伝い、産児制限・流産教育について責任をもつ。西欧の医療で第二の分水嶺が認められてから十年後に、中国は、百人の人口につき一人の十分に有能な健康相談員をもとうとしている。中国は主要な制度のひとつを急激に転換することが可能であることを証明した。こういった非専門化が、無限の進歩という傲慢なイデオロギーと、裸足の同名異物を臨時やといの専門家として医学的階層制の最下位に編入しようとする伝統的な医師たちの圧力に抗して、もちこたえられるかどうかは今後みまもるべき課題である。

西欧では六〇年代に、医療に対する不満がその費用に比例して増大し、合衆国では最大限の緊張にまで達した。ボストンやヒューストンやデンヴァーの医療センターには、金持の外国人がめずらしい治療を求めて群がったが、その一方、合衆国の貧民の乳児死亡率は、アフリカやアジアの熱帯に位置するいくつかの国々のそれと似たりよったりでしかなかった。貧しい国々ではどんな人でも得られるもの、すなわち死の床でつきっきりで看とってもらうことは、いまや合衆国ではとびきりの金持ちにしか得られないものになっている。世界全人口の一人当り平均年間現金収入を、一人のアメリカ人が専属看護を二日間受けることで使いきってしまう。

しかしながら合衆国では、病める医療の全身的な失調を暴露するかわりに、その症候だけが公けに指摘されているにすぎない。貧しきもののスポークスマンは、アメリカ医学会の資本主義的偏見と医師の収入に対して異議を唱えている。地域社会の指導者は、専門的な健康維持や病気相談を住民に送り届けるシステムが、地域社会の手に握られていないことに異議を唱えている。彼らは病院委員会の素人が専門的な医師を使いこなせると信じているのだ。黒人のスポークスマンは研究の助成金が、それを認可する財団の初老・過食の白人職員がかかりがちなタイプの病気に偏っていることに異議を唱えている。彼らは黒人だけがかかる鎌状赤血球貧血症の研究を要求する。一般有権者は、ヴェトナム戦争の終結によって、より多くの資金が医療的生産の増加のためにまわされることを望んでいる。しかし、症候に対するこういう一般的な関心は、費用と需要は高まりながら福祉は低下するという事態の根元をなす制度化された健康管理の悪質な拡大から、注意をそらすものである。

医療の危機はその症候が表わしているよりももっと深いレベルにあり、すべての産業主義的制度の今日の危機と合致している。それは、よりよい健康をますます供給すべく社会から支持され勧告されている専門家の複合体が発展した結果であり、患者たちが自発的にこの空しい実験のモルモットとなったことの結果である。人々は自分が病気だと言明する権利を失ってしまった。いまでは社会は医療官僚が認定したあとでだけ、病気だという人々の申し立てを受けいれるのである。

二十世紀の初頭に医療行為が、その結果を科学的に確認する時代に突入したことを理解するために、一九一三年と五五年を分水嶺となったふたつの年として受けいれるのは、この議論にとって必ずしも厳密に必要ではない。そしてその後医学自体が、医療専門家によってひきおこされた明白な被害に対するアリバイとなった。最初の分水嶺においては、新しい科学的発見の好ましい効果を測定し立証するのは容易だった。滅菌された水は下痢による幼児の死亡率をひきさげ、アスピリンはリウマチの苦痛を和らげ、マラリアはキニーネによって抑えられた。ある種の伝統的な治療法はいかさま治療とみなされたが、ずっと重要なことに、いくつかの簡単な習慣と技術手段の使用がひろまった。人々は健康が、バランスのとれた食事や新鮮な空気や柔軟体操やきれいな水や石鹼と関係があることを理解しはじめた。歯ブラシからバンドエイドやコンドームに至る新しい考案物が、広く手にはいるようになった。二十世紀の初頭のあいだ、近代的医療が個人の健康に積極的に貢献したのは、ほとんど疑いのないところだ。

しかしそれから、医療は第二の分水嶺に近づきはじめた。医学は毎年新しい躍進を報告した。新しい専門技術を身につけた開業医は、珍しい病気に苦しむ患者のいくらかを回復させた。医療業務は大病院のスタッフの手に集中されるようになった。奇蹟的な治療への信仰が治療と健康管理における良識と伝統的な智恵を抹殺したのである。薬剤の無責任な使用が医者から一般大衆へ拡がった。専門化をいっそう推進することの限界効用が低下したとき（少なくともその限界効用が最大多数の人々の身体的福祉の立場からいいあらわされるかぎり）、第二の分水嶺はもうそこに見えていたのである。医療制度による独占が進行するにつれて増大した限界非効用が、大多数の人々にとって増大する苦痛の指標となったとき、第二の分水嶺は越えられた。この第二の分水嶺をのり越えたあとでも、医療は依然としてたえざる進歩を要求した。その進歩は、医師が自分で設定しておいて自分で達成する新しい目標によって、すなわち予測可能な発見と費用の両方によって測られるのである。たとえば、少数の患者はいろいろな臓器の移植によって、より長く生きのびることができた。他方、医療によって強要される社会全体の費用は、ありきたりの用語では計れないものになった。社会は、診療によって生じた幻覚、社会的管理、ひきのばされた苦痛、孤独、遺伝子的劣化、欲求不満といった否定的価値を総計するためのいかなる量的基準ももっていない。

他の産業主義的諸制度も同じく二つの分水嶺をすでに通過した。このことはこの一五〇年のあいだ科学的基準にしたがって再編成されて来た主要な社会的機関についていえる。教育・郵便・社会事業・輸送、さらには土木工学さえこの進化のあとを追った。最初の分水嶺では、新しい知識がはっきり指定された問題の解決に適用されたし、科学的な測定手段が新しい効率を説明するのに用いられた。しかし第二の分水嶺になると、それまでの達成によって立証された進歩が、価値のサービスという形をとった社会まるごとの搾取に対する理論的根拠として用いられる。その価値は、社会のたんなる一構成分子、つまり自分で自分を有資格化する専門職エリートのひとつによって決定されたえず改訂されるのだ。

輸送の場合には、モーターを備えた乗りものの奉仕を受けていた時代から、社会が事実上、自動車の奴隷となるにいたった時代に移るには、ほとんど一世紀を要した。アメリカの南北戦争のあいだに、車輛に搭載した蒸気機関が効用あるものになった。輸送における新しい能率化によって、多くの人々が鉄道によって王侯の馬車の速度で旅行することができるようになったし、しかも王侯とて思い及ばぬほどの快適さで旅行できるようになった。次第に、望ましい移動といえば乗りものの高速が連想され、ついにはそれと同一視されるようになった。しかし輸送がその第二の分水嶺をこえてしまったとき、乗りものはそれが地域を結びつけるのに役立つというよりさらに距離を生み出してしまった。つまり交通のおかげで、〝節約された〟時間より多くの時間が社会によって使われたのである。

われわれの今日の社会的危機について新鮮な展望を得るには、こういったふたつの分水嶺が存在するのを認識すれば十分である。十年のうちにいくつかの主要な制度は手をつないで第二の分水嶺をのりこえた。学校は教育を提供する効果的な手段だと主張する資格を失いつつあるし、自動車は大量輸送の効果的手段ではなくなり、流れ作業は容認できる生産様式ではすでになくなっている。

増大する欲求不満への六〇年代の特徴的な反応は、技術的・官僚的対応をいっそう拡大強化することだった。権力の自己破壊的拡大強化は高度に産業化された国々で執行される中核的儀式となった。この文脈からすれば、ヴェトナム戦争は真実暴露的である一面、真実隠蔽的でもある。それは戦争という限られた舞台の上で、全世界に対してこの儀式をひと目で見てとれるようにするが、しかしまた、数多くのいわゆる平和な闘技場で演じられている同様の儀式からは注意をそらすのである。ヴェトナム戦争の筋立ては、自転車の速度に限界づけられた自立共生的《コンヴィヴィアル》な軍隊が、敵軍の無個性な軍事力の拡大強化によって必要物資を供給されることを立証している。にもかかわらず、極東の戦争に浪費された資源は本国で貧困を退治するのに効果的に用いられたはずだ、といった議論の立てかたをするアメリカ人はまだ多いのである。またあるものは、ヴェトナム戦争にいまつかわれている二百億ドルを、海外開発援助費を二十億ドルという現在の低さからひきあげるために用いることに執心している。彼らは貧困に向けられた平和な戦争と、意見の異なるものに向けられた血まみれの戦争とに共通する、根底的な制度化された構造をつかみそこなっている。その戦争は両者とも、抹殺しようとするものをかえって強化しているのだ。

証拠は同一物をより多く投入することが完全な敗北につながることを明示しているのに、成長熱にうかされた社会では、まさにより多くのものを投入することが価値あることのように見えるのである。爆弾をもっと、警察をもっと、医学検査をもっと、教師をもっとというだけではなく、情報をもっと、研究をもっとという絶望的な懇願の声があげられる。『原子科学者公報』の編集長は、われわれが今日抱えている諸問題の大部分は、最近得られた知識の誤った適用の結果であると主張し、こういう情報の生みだした混乱に対する唯一の解決策はもっと情報をふやすことであると結論している。科学と技術が問題を生みだした場合、それを克服しうるのはより多くの科学的知識とよりよい技術しかない、というのが今日流行の言い草になっている。悪しき管理の是正策は、管理の増強なのだ。専門分化した研究の是正策はより高くつく学際的研究だというわけで、それはちょうど、汚染された河川の救済策がより高くつく汚染浄化剤であるようなものである。情報ストックの共同利用化、知識ストックの積み立てなど、科学の生産増大によって当面の問題を力づくで解決しようとする企図は、エスカレーションによって危機を解決しようとする究極の企てなのである。

Ⅱ　自立共生的《コンヴィヴィアル》な再構築

加速された危機の兆候は広く認識されているし、それを説明しようとする試みも数々なされてきた。私は、この危機はふたつの面での大きな失敗に終わった実験にねざしていると信じるし、危機の解決はその失敗を認めることから始まると主張する。百年のあいだ、私たちは機械を人間のために働かせようと努めてきたし、また機械に奉仕される生活に適するように人間を学校化しようと努めてきた。いまや、機械は働きはしないのだし、人間は機械に奉仕される生活にあうように学校化されはしないのだということは明らかである。実験の基礎となっている仮説はいまや廃棄されねばならない。その仮説とは機械は奴隷のかわりをすることができるというものだった。明らかな証拠によれば、こういう目的に用いられたとき機械は人間を奴隷化するのである。

独裁するプロレタリアートも、レジャーをたのしむ大衆も、どちらもたえず膨張する産業主義的な道具の支配からのがれることはできない。

私たちが道具の今日の深部構造を逆倒することを学ばないかぎり、すなわち高度で非依存的な効率をもって働く権利を保証するような、そうすることで同時に、奴隷にも主人にもならずにすむようにし、各人の自由の範囲を拡大するような、そういう道具を人々に与えないかぎり、危機は解決不可能なのだ。人々は自分のかわりに働いてくれる道具ではなく、自分とともに働いてくれる新しい道具を必要としている。人々は、より巧妙にプログラムされたエネルギー奴隷ではなく、各人がもっているエネルギーと想像力を十分にひきだすような技術を必要としているのだ。

私の信じるところでは、社会は、新しい生産システムの全体的効率に対する、自立的な個人と一次集団の貢献度をより大きくするような方向で、再建されねばならない。その新しい生産システムは、そのシステム自身が定めた人間的な必要をみたすように作られているのだ。実際には、産業主義的社会の諸制度はまさにその反対のことをしている。機械の力が増大するにつれて、人間の役割はますます単なる消費者の役割におしさげられていく。

移動したり棲みついたりするには、個人は道具を必要とする。病気にかかれば治療が必要だし、おたがいに意志や気もちを通じ合わす手段も必要だ。人々はこういったものすべてを、他人の手を借りずに作り出せるわけではない。彼らは、文化によってさまざまに異なる物やサービスを提供されることに依存している。食料の供給をうけねばならない人もいるし、ボールベアリングを供給してもらわねばならぬ人もいる。

人々は物を手に入れる必要があるだけではない。彼らはなによりも、暮しを可能にしてくれる物を作り出す自由、それに自分の好みにしたがって形を与える自由、他人をかまったり世話したりするのにそれを用いる自由を必要とするのだ。富める国々の囚人はしばしば、彼らの家族よりも多くの品物やサービスが利用できるが、品物がどのように作られるかということに発言権をもたないし、その品物をどうするかということも決められない。彼らの刑罰は、私のいわゆる自立共生《コンヴィヴィアリティ》を剝奪されていることに存する。彼らは単なる消費者の地位に降格されているのだ。

産業主義的な生産性の正反対を明示するのに、私は自立共生《コンヴィヴィアリティ》という用語を選ぶ。私はその言葉に、各人のあいだの自立的で創造的な交わりと、各人の環境との同様の交わりを意味させ、またこの言葉に、他人と人工的環境によって強いられた需要への各人の条件反射づけられた反応とは対照的な意味をもたせようと思う。私は自立共生とは、人間的な相互依存のうちに実現された個的自由であり、またそのようなものとして固有の倫理的価値をなすものであると考える。私の信じるところでは、いかなる社会においても、自立共生《コンヴィヴィアリティ》が一定の水準以下に落ちこむにつれて、産業主義的生産性はどんなに増大したとしても、自身が社会成員間に生みだす欲求を有効にみたすことができなくなる。

今日の制度がかかげる諸目的は、自立共生的《コンヴィヴィアル》な有効性を犠牲にして産業主義的生産性をあがめたてようとするものであって、今日の社会を襲う疫病となっている特性喪失と意味喪失の主要な要因をなしている。製品に対する増大する需要は、社会過程を規定するに至っている。私はこの現在の趨勢はどうすれば逆転できるか、現代の科学技術はどうすれば人間諸活動に前例のない有効性を授けるように用いられるかを示唆しよう。この逆転が実現すれば、すべての人々にひとしく配分されているある資源を保護し最大限に利用し享受することに優先権を与えるような、生活スタイルと政治システムの進化が可能になるだろう。その資源とは個人によって統御された個人のエネルギーである。自分のエネルギーを創造的に行使する個人の権利を切りつめたり否定したりする道具や制度に対する公衆の統御なしには、われわれはもはや有効に生きることも働くこともできない、と私は主張したい。この目的のためには、社会の道具に対する統御が専門家の決定によってではなく政治的過程によって確立され実行されるように保証する手続きが必要なのだ。

社会主義への移行は、今日の諸制度を転倒し産業主義的な道具を自立共生的な道具で置き換えることなしには、なしとげることはできない。同時に、社会主義的な公正の理想がゆきわたらないならば、社会の道具的再編成は敬虔な夢にとどまるだろう。われわれの主要な諸制度の今日の危機は、革命的解放をはらむ危機として歓迎されるべきだと私は信じる。なぜなら、われわれの今日の諸制度は、人々により多くの制度的産出物を供給するために、基本的な人間の自由を切りつめているからである。この世界規模の制度の世界規模の危機は、道具の性質についての新しい自覚と、道具の統御のための大衆行動をもたらす可能性がある。もしも道具が政治的に統御されないなら、道具は災厄に対する時期おくれの技術官僚的反応という形で管理されることになろう。自由と尊厳は、人間の道具に対するこれまで見たこともないような隷属のなかに、姿を没し去るであろう。

技術官僚支配がもたらす災厄にかわる選択として、私は自立共生的《コンヴィヴィアル》な社会のヴィジョンを提案する。自立共生的な社会が実現できるとすれば、それは、もっとも十分にかつもっとも自由に地域社会の諸道具を利用できる機会を各成員に保証し、しかもこの自由を他の成員の同等の自由のためにのみ制限するような社会的配置の結果であろう。

今日、人々は未来を思い描く仕事を専門的エリートに譲り渡してしまいがちである。彼らは、こういう未来図を手許まで送りとどける仕組を造りあげますと約束する政治屋どもに、権限を移譲してしまうのだ。高い生産高を維持するのに不平等が必要とあれば、彼らは社会で諸権力の及ぶ範囲がどんどん拡大することを許容してしまう。政治制度自体が、生産高という目標との共謀関係に人々をおしこめる徴募機構となっているのだ。正しいことは制度にとってよいことに従属するに至った。正義は制度化された商品の平等な分配という意味にまで下落している。

個人の自主性は、最大多数の最大限の充足とは産業主義的商品の最大限の消費だとする社会によって、たえがたいほど縮小されている。とって替るべき諸政治的配置は、自分自身の未来のイメージを明らかにすることを、あらゆる人々に許すことを目的とするだろう。新しい政治は、こういった個の自由の行使にあたって障害となるような人工品や規則を企図することの排除を主に目指すだろう。そういう政治は三つの価値を擁護する必要にあわせて、道具の活動の自由を制限するだろう。その三つの価値とは、生存・公正・自律的な仕事である。これらの価値は、どんな自立共生的な社会にとっても根本的なものだと私は思う。ある自立共生的な社会が他のそれと、実行のしかたや制度や理論的根拠においてどんなに違っていても、そうだと思う。

この三つの価値のそれぞれは、道具に対してそれぞれの立場からする限界設定を行う。生存のための条件は必要なものではあるが、公正を保証するには十分ではない。人は牢獄の中でも生きのびることはできるのである。産業的産出物の公正な分配のための条件は必要ではあるが、自立共生的な生産を増進するには十分ではない。人は自分が使う道具によって平等に奴隷化されうるのである。自立共生的な仕事のための条件は、これまで存在しなかった力能《パワー》の公正な分配を可能にするような構造的配置である。脱産業主義的社会は、自分を仕事において表現する個の能力が、他の個に強制的に労働させたり教えこんだり消費させたりするのを、条件として必要とすることがないように構築されねばならないし、また構築することができるのだ。

科学技術時代においては、分配・参与の両面で十分に公正な生存のためには、道具の自立共生的な構造が必要である。それは科学が新しいエネルギー源を開発したからである。投入をめぐる競争は破滅につながる。といって投入を巨大化《レヴァイアサン》した組織の中央管理に委ねれば、産出の平等な分配という見せかけのために、投入に対する統御の平等性を犠牲にすることになるだろう。理性的に設計された自立共生的な道具は、いまや参与面での公正の基礎となっているのだ。

しかしだからといって、私たちの現在の生産様式から自立共生的な生産様式への移行は、多数の人々の生存を深刻に脅やかすことなしに遂行されるというわけのものではない。今日では、人々と彼らが用いる道具との関係は自己破滅的に歪められている。パキスタンの人々の生存はカナダの穀物に依存しているし、ニューヨークの人々の生存は天然資源の世界規模の収奪に依存している。世界全体が自立共生的な社会として生れかわる生みの苦しみが、餓えたインド人や無力なニューヨーク人にとってひどく苦痛なものになることは避けられないだろう。のちほど私は、圧倒的に産業主義的である今日の生産様式から自立共生性《コンヴィヴィアリティ》への移行が急激に始まりうることを論じる。しかし、多くの人々の生存のためには、移行がいっぺんに起らないほうがのぞましいだろう。公正のうちに生きのびることは、自立共生的な生産様式の採用にともなういろいろな犠牲と、個人と集団の両方の側における無制限な繁殖・繁栄・力能の全般的断念という、代償を支払う場合にのみ可能だと私は主張する。この代償は、なんらかの専制的なレヴァイアサンがゆすりとることができるものではなく、また社会工学者が引き出すことができるものでもない。人々は、エネルギー奴隷に頼るのではなくおたがいに頼りあうことをふたたび学ぶ場合にのみ、よろこびにあふれた節制と人を解放する禁欲の価値を再発見するだろう。自立共生的な社会の代償は、今日の産業主義的な意識の社会全般における逆倒を反映し促進するような政治的過程の結果としてのみ、支払いうるだろう。こういう政治的過程は具体的には、あれをしてはいけないこれをしてはいけないという形をとるのではなく、対立する洞察と関心の圧力の下でたえず調整されつつ、あれやこれやの手段の具体的な制限について、一応の合意に達していくという形をとるだろう。

この書物で、私は目的と化するに至った手段を見わける方法を提供したい。私の主題は道具であって意図ではない。主題をこのように選んだために、私は関連があり心をそそりもするいくつかの課題ととりくむことができない。というのは……。

1　どんなものであれ将来の架空の共同社会《コミュニティ》をくわしく記述することは私の目的にかなわない。私が提供したいのは行動のための指針であって、空想物語《ファンタジー》ではない。自立共生的な暮しかたへと向っている現代社会というものは、もし実現すれば、何びとの想像も希望も及ばぬような驚異を花開かせることができる。私はユートピアを提案しているのではない。それぞれの共同社会が独自な社会的配置を選択できる手続きを提案しているのだ。

2　私は自立共生的な制度や道具を設計するための社会工学的マニュアル造りに貢献しようとは望んではいない。また、実現すればあきらかによりよい技術であろうもののセールス・キャンペーンをやるつもりもない。私の目的は、道具のために人々を操っているものをただちに見わけることができる基準を設定することであり、またそのようにして、自立共生的な生活スタイルを必然的に絶滅させる製品や制度をとり除くことである。皮肉なことに、エネルギーを完全に自分自身の統御のもとにおくことによっていろいろな目的を達成することを人々に許すような、単純な道具からなる社会は、いまでは想像するのもむずかしくなっている。私たちの想像力は、大規模生産の論理に適合した工学的に体系化された社会的習慣の型に、あてはまるもののみを頭に思い浮べるように、産業主義的に不具化されてしまっているのだ。私たちは、誰でももっている健全な推察の力が、彼と同等に世界を形づくる誰かほかの人の力を妨げることのないように、すべてのものの力に限界を課すような世界を、想像のなかで組み立ててみる能力をほとんど失ってしまった。

今日の世界は十分にもたぬものと十分すぎるほどもつものに、車によって道路から押し出されるものと車を運転するものとにわかれている。もたざるものは悲惨であり、もてるものはもっと得ようと心をわずらわす。その成員がみちたりるということを知っている社会が、たまたま貧乏だというのはありうることだが、にもかかわらずその成員は平等に自由なのである。産業主義的にゆがめられた心性のもちぬしは、現代的だが限界を課されている道具の範囲内で個として達成できる事柄のゆたかな手ざわりを理解することはできない。彼らの想像力には、産業における定常状態を受け容れることがどんな質的な変化を意味するか、理解する余地がないのだ。それが意味しているのは、成長する道具のためにいま課されている、スケジュールや介入的治療《セラピー》といった多種多様の束縛の大部分を、その成員が免れている社会なのだ。ましてや、相対的に貧しいけれどその貧しさも自発的に選ばれたのであるような生活のまじめなよろこびを、私たちの同時代人のほとんどは経験していない。そういうまじめなよろこびは、私たちの手をのばせばつかめるところにあるのだ。

3　私は、道具を使う人々の性格の構造ではなく、道具の構造に焦点を合わせようと思う。産業主義的な道具は、それ自身の歴史と文化をもつ都市の風景に均一化の刻印をおす。ハイウェイ、病院の建物、校舎、事務所のビル、アパート、商店はどこでもおなじ外観をとる。均一化の作用をもつ道具はまた、同一の性格類型を発達させる。パトロール・カーに乗っている警官やコンピュータを操作している経理士は、世界中どこでも同じように見えるし同じように振舞う。一方、警棒やペンを用いている彼らの貧しいいとこたちは、地域ごとに異なっているのだ。パーソナリティと人格相互の関係の均質化の進行は、社会の道具の再編成なしにはくいとめることができない。道具の再編成を困難にし疑わしいものにするような社会的な性格特徴についての研究は、私の提案を補足するものである。しかし私は新しい社会の条件として、新しい人間の創造を自明の前提としているのでもなければ、社会的性格と文化の両者がどのようにして変るかということを、知っているふりをするつもりもない。道具に限界を設定し公共福祉を自立共生的なものにする多元主義の立場は、必然的に生活スタイルの多様さを促さずにはおかぬだろう。

4

仮に私が政治的な戦略戦術をとり扱ったりすれば、私の議論は核心からそれてしまうだろう。おそらく毛体制下の中国を例外として、今日、自立共生的な方針にそって社会を再構築する能力をもつ政府は存在しない。権力を掌握しているのは国家、企業法人、政党、組織化された運動、専門的職業といったわれわれの主要な道具の管理者たちである。この権力は、彼らが操作する成長志向の諸構造を維持するために授けられたものである。これらの管理者たちは主要な決定をくだす権限をもっている。彼らは、彼らの道具の産出物に対する新しい需要を喚起することができるし、その産出物にふさわしい新しい社会的ラベルをつくりださせることもできる。彼らは利益を最大にするために道具の産出物を制限することさえできる。しかし彼らには、自分たちが管理する産業主義的装置の基本構造を逆倒する能力はない。

主要な制度は今日、気力を失った人々にむけて大技術手段の産出物を最大限に利用している。制度の逆倒とは、完全にめざめた人々が意味にみちた責任ある行為をとれるように、個人が近づくことのできる技術手段の使用を助長するような制度を含意するものである。基本的な制度をひっくり返し裏返すことは、自立共生的な生産様式を採用するには否応なしに必要なことなのだ。このような社会の逆倒は今日の諸制度の管理者の能力をこえている。

今日の管理者たちは、性格や有能さや関心によって選りぬかれた新しい階級をかたちづくっている。その性格・能力・関心とは、生産至上的な社会を拡大するとともに、彼らの依頼人をさらにいっそうオペラント条件づけ(2)することができる性格・能力・関心である。誰かが自分が道具の持ち主なのだという幻想のなかに生きていようとも、権力を保有し管理しているのは彼ら管理者なのだ。この権力保有者の階級は除去されねばならないが、それは大量虐殺や人のいれ替えによってできることではない。新しいエリートが現れて、ひき継いだ権力構造の操作においてよりいっそうの正統性を主張するだけだろう。管理は、管理を必要ならしめる機構と、それゆえに管理に支配力を与える産出物への需要とを除去することによってのみ、廃絶することができる。自立共生的な社会では、委員会の議長のいれ替えなどほとんど無用なのである。

政治的権力、物質的権力の両者が政治的決定によって制限されたり拡張されたりする社会では、生産物と人間性格が新しく花開くことができるだけではなく、さまざまな形態の統治方式が存在する余地がある。新しい技術手段はまちがいなく新しい選択の自由を提供するだろう。自立共生的な技術手段は、一定のレベルの権力や強制や計画化を排除する。そういったものはすべての政府を多かれ少なかれ似かよったものにしがちな特徴をまさしくもっているのだ。しかし、自立共生的な生産手段の採用は、それ自体では、ある特定の政治形態が他のものより適切だということを意味するものではないし、また、世界連邦制度をも、国民国家間の協定をも、コミューンをも、もっとも伝統的な統治形態の多くをも排除するものではない。私は、社会の道具的再編成が達成されるための基本的・構造的基準を叙述するにとどめたい。

集合体としての道具が社会それ自体にとって破壊的になる時期を見わけるための方法論は、分配・参加両面での公正という価値を認識することを必要とする。私の簡潔な論述は道具に対する必要な抑制を明らかにするのに十分だと信じるが、その簡潔さはまた、私がこの論文で、どの程度手段を目的に従属させることがのぞましいかという結論を出すことをむずかしくするだろう。

6 脱産業主義的で自立共生的な社会に応用できる経済学は無視するわけにはいかないし、当然視しておいてよいものでもない。あらゆるタイプの産業的成長に政治的に定義された限界を受けいれる社会では、既成の用語の多くは再定義されねばならない。しかし、そのような社会でも不平等が除去できないのは確実である。実際、効果的な変化を生みだす各個人の能力は、産業主義以前の時代や産業主義的時代におけるよりも大きいものになるはずだ。限界づけられているにしても、ごくふつうの道具が原始的な道具とは比較にならぬほど効率的になり、産業的な道具よりひろく分配されることになるのだ。そういう道具の生産物は他のものたちよりもあるものにより多く生じることになる。力の最終的な移転を限界内に保つには、新しい経済的仕組とともに伝統的な経済的仕組を用いる必要がある。それに対応する新しい経済理論が仕上げられ用いられるようになるまでは、道具の制限は実行できないという主張もありうるだろう。それはまちがってはいない。私は、生活のバランスをくつがえす可能性のある主要な可変要因について情報を得るために、次元分析の手法を用いること、そして人間が制御しうる重要な諸次元を明らかにするために、政治的過程に頼ることを提案する。それゆえに私は、人間の目的と彼の用いる手段との関係を研究することを提案するのだ。そういう研究においては、経済学の中心概念は次元を欠いた一組の要因を意味するものになってしまう。われわれの今日の制度的構造を逆倒するのに役立つ経済学は、政治的に定義された限界設定基準から出発する。私が注意を集めたいのは、技術的な用具に対するこういった否定的な設計基準である。

道具を目的にしてしまう一般大衆の倒錯を識別するための方法論は、よきものをドルに換算することに慣れきった人々からの抵抗と出会う。プラトンは、悪しき政治家とは、測定の技術は普遍的だと信じたり、規模の大小と目的により適していることとを混同したりするような政治家であることを承知していた。私たちの今日の生産に対する態度は、数世紀にわたって形成されてきたものである。諸制度は私たちの需要をますますかたちづくるようになっているだけではない。文字通りの意味で、私たちの論理や釣合いの感覚をますますかたちづくるようになっているのだ。諸制度が生産できるものを需要するようになると、やがて私たちはそれなしにはやっていけないと信じるに至る。

教育の発明は私が言おうとしていることの一例である。教育はほんの最近になって今日の意義を獲得したのだということを、私たちは忘れがちだ。子豚やあひるや人間に共通なはじめのしつけという部分を別にすれば、教育は宗教改革以前には知られていなかった。それは若者に必要な訓育や、あるものが生涯でその後たずさわり、そのためには教師が必要とされるような学問とははっきり区別されていた。ヴォルテールさえまだ、それを見栄っぱりな教師たちだけが使うあつかましい新造語と呼んでいる。

すべての人々に啓発の継起的な段階を通過させようとする営みは、中世末期の「偉大なる技芸」であった錬金術に深い源をもっている。十七世紀のモラヴィア派の僧正で、自称百科全書的博識家であり教育学者であったヨハン・アモス・コメニウスは、正当に現代の学校の創始者の一人と見なされている。彼は七ないし十二学年の義務的学習を提案した最初の人の一人であった。『大教授学』のなかで、彼は学校を「あらゆる人にあらゆることを教える」仕組として記述し、知識の流れ作業的生産のための青写真の大要を示した。彼の方法によれば、知識の流れ作業的生産は教育をより安価でよりすぐれたものにし、すべての人にとって可能な十全な人間性へと成長させるはずであった。しかしコメニウスは大量生産についての早期の理論家であったばかりでなく、自分の技芸の技術的用語を、子どもを育成する技術を述べるのに適用した錬金術師でもあった。この錬金術師は、十二の連続的啓蒙の段階を通じてその精神を濃縮することによって、劣位の要素を精錬しようとしたのである。その目的は劣位要素自身と全世界の利益のために、劣位要素が金に変ることであった。(3) もちろん錬金術師たちは、何度試みようとも失敗した。しかし彼らの〝科学〟が失敗の理由を案出するたびに、彼らはふたたび試みたのである。(4)

　産業主義的生産様式は〝教育〟と呼ばれる目に見えない新商品を製造することによって、はじめて十分に合理的根拠を与えられた。教育学は〝偉大なる技芸《アルス・マグナ》〟(5)の歴史で新しい一章を開いた。教育は、科学という魔術によってつくりだされた環境に適応する新しいタイプの人間を生みだす錬金術的過程の探求となった。しかし、各世代がどんなに多くの金額を学校に費やそうとも、大多数の人々はより高い段階の啓発にはふむきだと認定され、人工的環境で恵まれた生活をすごす準備ができていないものとして見捨てられねばならないことが、つねに明らかとなった。

　学習を学校化と再定義したことは、単に学校を必要と思わせただけではない。それはまた、学校教育を受けていないものの貧しさを、教養のないものへの差別と結びつけたのである。学校化の階梯を登り終えたものたちは、どこで人々が脱落したか、どれほど彼らが無教育かということを知っている。いったん、人々の知識水準を定義したり計ったりする機関の権威を受けいれると、人々は彼らにかわって適切な健康と移動の水準を定義してくれるほかの機関の権威をも容易に受けいれるようになる。われわれの巨大制度の構造的な腐敗を見さだめるのは、彼らには困難なのだ。学校で身につけた〝知識の蓄積〟の価値を信じこむようになるのとおなじく、人々は、高速度が時間を節約してくれると信じ、所得水準がよい暮しの意味をきめると信じるようになるし、そうでなければその代りに、より多くの製品の生産よりもむしろより多くのサービスの生産のほうが生活の質を高めると信じるようになる。

〝教育〟という名の商品と〝学校〟という名の制度は、たがいに相手を必要なものに仕立てあっているのだ。この循環は、制度が目的を規定するようになっているという洞察を、人々がひろくわけもつことによってのみ打破することができる。抽象的なかたちで述べられた諸価値は、人々を奴隷化する機械的過程にまで意味を切りさげられている。この奴隷状態は、自分が自分の愚行に対して責任のある愚か者なのだということを、よろこんで認識することによってのみ打破されるのだ。

価値が制度的に定義されているために、私たちは社会的手段の深部構造に注意を集中することがむずかしくなっている。科学や労働や職業の分化が行き過ぎているさまを想像してみるのはむずかしい。より低い産業的効率によってより高い社会的効率が実現されているさまを思い描くのはむずかしい。専門分化と生産物に対して認定されるのぞましい限界の性質を認識するためには、私たちは、産業主義的に決定された私たちの期待の形態に関心を集中しなければならない。そうすることによってのみ私たちは、自立共生的で多元的な生産様式が、産業主義的な制度への限界設定に続いて出現することを認識することができるのだ。

過去においては、あるものが自立共生的な生活をするには、他のものが隷属状態におかれることがどうしても必要だった。労働生産性は鋼鉄製の斧やポンプや自転車やナイロン製の釣り糸が現れるまでは低いものであった。中世盛期と啓蒙主義の時代とのあいだは、錬金術の夢が、それがなければ正しい途をたどったであろう多くの西欧の人文主義者を誤った方向に導いた。機械は実験室で作られたホムンクルス(6)であり、奴隷にかわって私たちの労働をこなすことができるという幻想がひろまった。いまや、この誤りをただし、人間は奴隷所有者たるべく生れて来たのであり、過去における唯一の誤ちはすべての人間が平等には奴隷所有者になれなかったことだという幻想を振り捨てるべきときなのだ。しかしながら私たちは、機械に対する私たちの期待心を縮小させることで、あたかも機械が悪魔の産物ででもあるかのような、同等に有害な機械の全面的拒否におちいることを警戒せねばならない。

自立共生的な社会は、他者から操作されることの最も少ない道具によって、すべての成員に最大限に自立的な行動を許すように構想されるべきだ。人々は、おのれの活動が創造的である程度に応じて、たんなる娯楽とは正反対のよろこびを感得する。一方、道具が一定の点をこえて成長すると、統制・依存・収奪・不能が増大する。私は〝道具〟という言葉を、ドリル、ポット、注射器、箒、建築材料、モーターのような簡単なハードウェアだけを、また自動車や発電装置のような大きな機械だけを包含するのではない、広い意味で用いる。すなわち私は、コーンフレークとか電流とか触知しうる商品を製造する工場のような生産施設と、〝教育〟とか〝健康〟とか〝知識〟とか〝意志決定〟とかを生みだす触知しえない商品の生産システムとを、道具のうちに含めるのである。私がこの言葉を用いる理由は、それを用いれば、人工品であれ規則であれ、コードであれ演算記号であれ、合理的に考案された工夫すべてを、ひとつのカテゴリーに包摂することができるからであり、さらに、こういった計画され設計された手段すべてを、基本的な食料や器具のような、既存の文化のなかでは合理化する必要があるとは思われていない他の物から区別することができるからである。学校のカリキュラムや婚姻法は、道路交通網に劣らず意図的に形成された社会的工夫なのである。

道具は社会関係にとって本質的である。個人は自分が積極的に使いこなしているか、あるいは受動的にそれに使われているかする道具を用いることで、行動している自分を社会と関係づける。彼が道具の主人となっている程度に応じて、彼は世界を自分で意味づけることができるし、また彼が自分の道具によって支配されている度合いに応じて、道具の形態が彼の自己イメージを決定するのである。自立共生的道具とは、それを用いる各人に、おのれの想像力の結果として環境をゆたかなものにする最大の機会を与える道具のことである。産業主義的な道具はそれを用いる人々に対してこういう可能性を拒み、道具の考案者たちに、彼ら以外の人々の目的や期待を決定することを許す。今日の大部分の道具は自立共生的な流儀で用いることはできない。

手に頼る道具《ハンド・ツール》は、人間の新陳代謝エネルギーを特定の仕事に応用するものである。

それはある種の原始的なハンマーや優秀な現代のポケットナイフがそうであるように多目的でありうるし、さらにまた、紡錘や織機や足踏み式ミシンや歯医者のドリルのように、意図が高度に特殊化もされうる。それはまた、人力から最大の移動能力をひきだそうとしてつくられた輸送システムのように、複雑なものでもありうる。修理ステーションやたぶん舗装道路さえそなえた、それ相応の道路体系をともない、手押し車や三輪の人力車のような一連の人力で動く車からなる二輪車の体系がその一例である。手で動かす道具は、人間の手足によって発生し空気と栄養の摂取によって補給されるエネルギーの単なる変換器にすぎない。

　動力に頼る道具《パワー・ツール》は少なくとも部分的に、人体のそとで転換されるエネルギーによって動かされる。そのいくつかは人間のエネルギーの増幅器の役目をはたす。つまり牛は犂を牽くが、人間も牛とともに働く。成果は動物と人間の力を結合することによってえられる。電動鋸や動力滑車もおなじやりかたで用いられる。これに反して、ジェット機を操縦するのに用いられるエネルギーは、ジェット機の出力の意味のある一部分ではなくなっている。パイロットは、コンピュータが彼のかわりに要約するデータによって導かれる、単なる機械操作員にひきさげられている。ジェット機という機械がパイロットを必要とするのは、それより優秀なコンピュータがないためである。あるいは、航空機に対する労働組合の社会的管理がその存在を強制しているから、パイロットはコックピットのなかにいるのだ。

道具は、使い手によって選ばれた目的の達成のために、必要ならひんぱんにでもまれにでも、誰によっても容易に使われる度合いに応じて、自立共生《コンヴィヴィアリティ》をはぐくむ。ある人によるそういう道具の使用は、ほかの人がそれを同等に用いることを妨げない。そういう道具は使用者がまえもって認可をとることを必要としない。そういう道具が存在するからといって、それを使わねばならぬ義務が課されるわけではない。それは使用者に、彼の意図を行動のかたちで表現することを許すのである。

制度には、その構造からして自立共生的な道具であるものがいくつかある。電話はその一例である。誰であってもコインさえもっていれば、自分の選んだあいてにダイヤルすることができる。疲れをしらぬコンピュータが回線をひとり占めして、個人的な会話の度数を制限するようなことがあれば、それは個人が話をすることができるために与えられた経営認可を、会社が悪用しているのである。電話のおかげで誰でも、自分が選んだあいてと話したいことを話せる。用件を果すことができるし、恋を語れるし、喧嘩だって売ることができる。官僚たちは人々のやりとりのプライヴァシーに介入したりそれを保護したりはたとえできるにしても、人々が電話でたがいにやりとりする内容を規定するわけにはいかない。

手に頼る道具のたいていは、なんらかの制度的配置によって人為的に制限されていないかぎり、自立共生的な使用に適している。それが制限されるのは、資格免許が必要となったことで歯科医のドリルに起ったように、また学校内に設置されることで図書館や実験室に生じたように、ひとつの職業によってそれが独占される場合である。道具はまた、簡単なペンチやねじまわしが現代の自動車の修理には役立たないというふうに、故意に制限されることがある。こういった制度的な独占や操作はふつう道具の悪用なのであって、殺人に悪用されたからといってナイフの性質が変わるものではないのと同様に、道具の性質を変えるものではない。

原則として、自立共生的な道具と操作的な道具の区別は、その道具の技術的なレベルとは無関係である。電話について述べたことは、逐一、郵便制度や典型的なメキシコの市場にあてはまる。そのどちらも、たとえもっと広い文脈では操作や管理の目的に悪用されうるとしても、自由を最大にする制度的とりきめなのである。電話は進んだ工学の産物である。郵便は原則として、たいして技術はいらないが、かなりの組織とスケジュール編成能力が必要だ。そしてメキシコの市場は慣習的なパターンにそって計画化は最小におさえられて運営されている。

第二の分水嶺に向いつつある制度はすべて、高度に操作的なものになりがちである。たとえば、授業を可能にするには、授業そのものより費用がかかる。役割にかかるコストは生産のコストをこえる。制度的な目的の達成に向けられた諸構成要素は、たがいに独立に用いることはできないようにますます設計しなおされる。車をもたないものは飛行機を利用することはできないし、飛行機の搭乗券をもたないものは国際協定に加入しているホテルを利用することはできない。めんどうな要求が少なくて同一の目的を達成するのに適した、代りに選びうる道具は、市場から締め出される。たとえば、格調の高い文通などは失われた技芸となった。最近数年のあいだ、代りに選びうる手段に対するこのような障壁設定は、通常、道具の力の増大とより複雑な道具のシステムの発展と同時に起った。

脱産業主義的社会における望ましい生産のすべての手段が、自立共生《コンヴィヴィアリティ》の基準に合致するとは限らない、というのはありうることである。圧倒的に自立共生的な世界においてさえ、おそらくいくつかの地域社会は、創造性の制限という犠牲を払ってでもよりゆたかであることを選びとるだろう。一定の国々における現在の生産様式から未来の生産様式への移行期にあっては、電気が裏庭で生産されるのがふつうというわけにいかないのはほとんど確かである。なるほどまた、列車は線路を走らねばならぬし、時刻表にもとづいて限られた数の地点に停まらねばならない。大洋航行用の船はある目的のために建造される。すなわち、それが高速帆船ならば、ある航路に向くように今日のタンカーよりも特殊な型に作られることさえある。電話システムは一定のバンド周波帯で通信を伝達するために高度に決定づけられているし、たとえ一地域のみのサービスに限定されていようとも、集中的に管理されねばならない。大きな技術手段と集中管理的な生産のすべてが、自立共生的な社会から排除されねばならないと信じるのは誤りである。自立共生《コンヴィヴィアリティ》のためには、自己決定的な参加の平等な権利を最大にするために、産業的な商品およびサービスの分配を、生存できるだけのぎりぎりの線まで切り下げるべきだと要求するのも、おなじく誤りだろう。地域社会の歴史と政治的理想と物質的資源とに頼りつつ、脱産業主義的な自立共生《コンヴィヴィアリティ》をひとしく模索している諸社会では、分配面の公正と参加面の公正のバランスのとりかたはさまざまでありうるだろう。

自立共生的な社会にとって基本的なことは、操作的な制度と中毒性のある商品およびサービスが、全く存在しないということではなくて、特定の需要（それをみたすために道具は特殊化するのだが）をつくりだすような道具と、自己実現を助ける補足的・援助的な道具とのあいだのバランスがとれていることなのである。最初にあげたような道具は、一般化された人間のために抽象的なプランにしたがって生産をおこない、あとであげたような道具は、それぞれ独自なやりかたで自分自身の目標を追求する人々の能力を高める。

反自立共生的で操作的な道具を見分けるための基準は、その基準に合致するあらゆる道具を排除するためには用いることはできない。しかしこれらの基準を、道具の全体的な骨組みをつくるためのガイドラインとして適用することはできる。それは社会がそれによって自立共生《コンヴィヴィアリティ》のスタイルと程度を定義したいとのぞむガイドラインである。自立共生的な社会はあらゆる学校を排除するわけではない。それは、落後者には特権を与えない強制的な道具へとゆがめられた学校制度を排除するのである。自立共生的な社会は、その設計のしかたが他のすべての路線に事実上同等に高速を強制しないかぎり、ある種の都市間高速輸送を排除するものでもない。テレビはごく少数の番組制作者や話し手が視聴者の見たがっているのは何かをきめることを許してはいるけれども、そういうテレビでも、社会全般の構造がすべての人間を強制されたのぞき屋に堕落させることに味方しないかぎり、排除されるべきではない。自立共生《コンヴィヴィアリティ》の規準は、それによって社会の成員が自分たちの自由を擁護する連続的過程へのガイドラインとみなされるべきであって、機械的に適用できる一組の処方箋とみなされるべきではない。

現在では、生産者が自分たちが権力の座にあるのだと教えられている社会においてさえ、逆のガイドラインが優勢である。社会主義的な社会計画家は、自分の原理にもとづいて運営される社会のほうが生産的だと主張して、自由市場の提唱者と争っている。一九三一年にスターリンは、「生産手段の管理」ということを、生産者を管理するのに用いられる新しい方法による生産性の増大という意味に解釈した。合衆国の大不況のさなかに、彼はロシアを産業主義的競争へ送り出した。それ以来、社会主義の政策は、社会主義国の産業主義的に組織された生産性に奉仕する政策とみなされてきた。スターリンのマルクス主義再解釈はそれ以来、社会主義者と左翼に対する一種の恐喝としての役目を果している。毛沢東の死後、中国もまた生産的な自立共生《コンヴィヴィアリティ》を制度的生産性とひきかえるかどうかは、今後の問題である。社会主義のスターリン的解釈のおかげで、社会主義者も資本主義者もひとしく、社会が達成した発展の水準の計りかたについて意見一致することが可能になった。たいていの人々が財貨やサービスの大部分を、他のものの個人的な気まぐれや親切や技術に頼っている社会は〝低開発〟と呼ばれ、その一方、生活が、何でも載っている通信販売のカタログによって注文する過程へと変形されてしまっている社会は「先進的」と呼ばれる。スターリニズムは、学校化の量をふやし、道路体系を拡張し、自然の富の抽出の生産性と製造の生産性を増大させるものは何でも、革命的なものと解釈することを可能にする。革命的であるとは、生産の面で遅れている国家の擁護者となって、その成員にその遅れを痛切に気づかせることか、あるいは豊かな国々における消費能力の低い少数者の、追いつこうとする気ちがいじみた空しい企てを煽り立てることのどちらかを意味するようになってしまった。

産業主義社会のすべての側面は、社会的費用の総額を正当化するのに必要な、昂進する生産と増大する需要をはぐくむ幼虫システム[7]の一部となっている。この理由からして、管理のまずさや公務員の不正や研究の不十分さや技術的なたち遅れを批判することは、大衆の注意を重要な一争点から、すなわち道具の基本構造を手段として注意深く分析することからそらすことになる。今日の欲求不満が基本的には生産手段の私有のせいであって、そのおなじ工場を計画委員会の監督下におかれた公的所有にすれば、多数者の利害をまもり、豊かさをひとしくわかちあう状態に社会を導くことができると示唆するのも、同様に問題をそらすものである。フォード自動車会社がフォード家を裕福にするという理由でのみ非難されているかぎり、その同一の工場がそうしようと思えば大衆を裕福にすることができるという幻想は強化される。公衆が車から利益をうけることができると信じているかぎり、人々は車を製造しているという理由でフォードをとがめることはしないだろう。いま争点となっているのは道具の法的な所有形態ではなくて、誰にとっても〝所有する〟ことを不可能にするような、ある種の道具の特徴を発見することなのである。所有という概念は統御することができない道具にはあてはまらないのだ。それゆえに当面の争点は、公衆の利益になるように統御できる道具とはいかなるものかということなのだ。潜在的に役立つ能力をもっている道具を私的に管理するのが公衆の利益にかなうかどうかという問題は、二次的に生じる問題にすぎない。

一定の道具は誰が所有しようとも、所有者がマフィアであろうが、株主であろうが、外国の会社であろうが、国家であろうが、さらに労働者のコミューンであろうが、破壊的なのである。複車線の道路網、長距離でバンド周波帯の広い送信器、露天掘りの鉱山、義務制の学校制度はそういう道具である。破壊的な道具は不可避的に、統制や依存や収奪や不能を増大させ、富者だけではなく貧者からも自立共生《コンヴィヴィアリティ》を奪わずにはおかない。この自立共生《コンヴィヴィアリティ》こそ、多くのいわゆる低開発地域の基本的な財宝なのである。

発展や近代化をより高いエネルギー使用ではなくより低いエネルギー使用の観点から思い描くことは、現代人には困難になった。高度技術ということは、物質的・心理的・社会的な過程に対する力まかせの介入と誤って同一視されている。もし私たちが道具に焦点をあわせたいのならば、高度な文化とはあたうかぎり最大量のエネルギーを使用する文化のことだという幻想が克服されねばならない。古典的な社会においては、動力的資源は非常に均等に配分されていた。各人はもし肉体的器官が適切に維持されるならば、生涯を通じて必要な動力の大部分を用いることのできる潜在能力をもって生れてきた。巨大な物質的エネルギーの支配が存在したとすれば、それは心理的操作か政治的支配の結果であった。

人間はテオティワカンのメキシコ式ピラミッドや、イバグエのフィリピン式棚田状水田を築くのに、動力による道具を必要としなかった。彼らの筋力が、サン・ピエトロ大聖堂を建立したり、アンコールワットの水路を掘ったりする力を供給したのである。使者がシーザーの将軍たちのあいだや、インカの役人と村々の首長とのあいだを、書信をたずさえて走った。手と足が紡錘《つむ》と機《はた》、陶器をつくるろくろ、鋸を動かした。人間の物質的代謝作用が、古典的な農業や製造業や戦争に動力を与えるエネルギーを供給した。個人的な技能は動物のエネルギーに社会的に定義された仕事の形態をとらせる制御装置であった。支配者が支配できるエネルギーは、彼らの臣民たちが自発的にかあるいはいやいやながら容認した行為の総計であった。

私は人間の物質的代謝作用が有用な動力のすべてを供給したと主張しているのではなく、たいていの文化においてそれが主な動力の源だったと主張しているのである。人間は環境に属する諸力のいくらかを統御する方法を知っていた。彼らははしけの舵をとってナイル河をくだり、けものたちを馴らして犂を牽かせ、帆を張って風をとらえた。彼らは人力と雨や重力の力を組み合わせた簡単な機械を建造する熟練者となった。彼らはまた鍛冶場や台所で火をかいならしたが、こういったエネルギー源は出力の全部をあわせても二次的なものにとどまっていた。馬上で暮すモンゴル人でさえも、彼らの馬の力よりも筋力からより多くのエネルギーをえていた。アテネやフィレンツェを建設するために環境からとりだされたエネルギーのすべてをあわせても、これら古典的社会に、その成員たる人間が与えたほどには制御された動力を与えなかったのである。焼き払って都市を廃墟に変えたりジャングルを水田に変えたりするときだけ、人間は、それを用いる人々の力を圧倒するようなエネルギーを解き放ったのであって、それも統御したわけではなかった。

　昔の社会が手にすることができた肉体的な力の総量は見積もることが可能だ。それは平均的な労働時間と代謝エネルギーの積としてあらわされる。人間は一日に二五〇〇カロリーを燃焼させることができ、その五分の四はたんに生き続けるためのものである。それが人間の心臓を鼓動させ、彼の頭脳を働かせているのだ。残りの部分は外部にむけての働きとなるが、しかしそうは言ってもその全部が仕事に変えられるわけではない。自然環境と社会環境に働きかける人間の生涯の能力は大部分、走りまわって育つあいだに費消されるのだ。より多くが自分が好きで選んだのではない雑事に費やされる——といってもそれは他人の力も及ばない雑事であるのだが。彼は朝起きるのに、食事を調えるのに、寒さから身をまもるのに、あるいはまた奴隷管理人の鞭から身をよけるのに、エネルギーを消費する。こういう力を使えないようにされるなら、人間は仕事に役立たなくなる。社会はこういった個人的な活動を型にはめることはできるが、そういう活動に用いられるエネルギーを、ほかの仕事に充当することはできない。慣習や言語や法律は、奴隷が作る陶器の形をきめることができるが、かといって主人は自分の奴隷から最後に残った鍋や屋根をとりあげたりはできない。彼が奴隷たちに自分のために奴隷労働を続けてほしいのなら、そうするわけにはいかないのだ。それぞれの人間からひきだされた小さなエネルギーの集合が、聖堂を建立したり、山を移したり、布を織ったり、戦争を行ったり、王たちを運びまわったり楽しませたりした人力の主な源であった。

動力は限られており、人口と釣り合いがとれていた。その主な源は個人の筋力であった。その効果的な利用は、手に頼る道具が到達した発達段階と、全人口への必要な道具の分配にかかっていた。道具はすべて、仕事に対する人力抵抗比にマッチしていた。重力や風力の向きを変えて利用することを除けば、道具は人力の増幅器として働くことはなかったし、またできもしなかった。自分が住んでいる社会で他人以上の力を支配するためには、人は仲間たちに君臨せねばならなかった。もしも支配者が人間以外の源から動力をひきだすことができたとしても、彼のこの動力に対する支配は依然として、彼の人間に対する支配に依存していた。二頭立ての牛は、それを導く一人の人間を必要とした。鍛冶の爐ですら、火に風を吹きこむ少年が一人必要だった。政治的支配は人力に対する支配と同一であり、動力の支配はまったく権威に依存していた。

動力が平等に配分され、またじかに平等に支配されていたのが、前産業主義社会のふたつの特徴であったが、このことはその支配力の行使において平等に自律的であることを保証するものではなかった。非常に原始的な水準では、一人の人間が体力的に優越していれば、他の人々の支配者となることができた。組織や軍備がちょっと優越していれば、ある国民は他の国民の主人となれた。資源と道具の占有は階級社会の基礎を生みだし、自分が割りふられた階級に適合するように人々を形づくる儀式や神話をはぐくんだ。

前産業主義社会においては、政治的支配が及ぶのは人々が生みだすことのできる余剰な力に対してのみであった。全住民が自分を維持するのに必要とされる以上の力を生みだすほど能率がよくなるやいなや、人々がこのエネルギーに対する統御権を奪われる可能性が生じた。彼らは自分たちの力を他人の決定にゆだねるように強制される可能性があった。貢租を課されるか、それとも奴隷にされる可能性があった。彼らが自分で生産したものの一部がとりあげられることがありえたし、あるいは彼らが王や村落のために働かされることがありえた。イデオロギー・経済構造・生活様式は、こういうふうに余剰のエネルギーを少数者の管理に集中するのに、有利に働きがちであった。

こういう管理の集中が社会の利益を分極化した程度は、文化によって様々である。最もよい場合にはそれは、大部分の社会成員が残りのエネルギーを使用できる領域を増大させた。高度な農民文化はその適例である。すべてのものが敵や洪水などから自分たちの土地をまもるという仕事を分担する一方、各人はまた、以前よりいい着物を着、いい家に住み、いい食事をするようになった。最悪の場合では、力に対する決定権が集中されると、傭兵によって膨張し奴隷制プランテーションによって維持される帝国が樹立された。

社会が利用できるエネルギーの総量は、鉄器時代の終りが近づくにつれて、すなわちアグリッパ(8)の時代とワットの時代のあいだに急速に増大した。電気の分野での科学的発見以前に現れた根本的な技術的変化の大部分は、事実、中世初期に生じた。その技術的変化のためにそれより以前のいかなる発明より効率的に風力を利用できるようになったので、三本マストの帆船があらわれ、世界規模の輸送が可能になった。ヨーロッパでは運河の建設によって、定期便による迅速な輸送が行われるようになった。それは東南アジアで同様な発見が行われてから千年のちのことであった。醸造、染色、陶器製造、煉瓦製造、砂糖精製、塩の製造、輸送などの産業に対する、人力によらぬエネルギーの広汎な適用は、著るしく改良された水車と風車の建造と並行していた。

中世盛期からルネサンス後期にかけて、労働者はときには機械の大きさを前にして自分を小人のように感じることもあったけれど、一方、労働者の自己意識と品位の擁護を保証するような新しい社会的道具が発達した。ギルド制度はなるほど、自分の職業に特有の道具の独占を要求する権利を労働者に与えた。しかし製粉所はまだ、粉屋との釣り合いをこえるほどに大きくなりすぎてはいなかった。穀物加工処理の独占はギルド組合員を保護し、彼に特別な休日を与え、それでいて彼が自分の都市に対してなしうる奉仕を最大にしたのである。ギルドは労働組合でもなく同業者組合でもなかった。

ルイス・マンフォードは『機械の神話――権力のペンタゴン』において、次のように指摘している。鉱業のようなある特定の企業は「人間的要素に対する無視によって、近隣の環境の汚染・破壊への無関心によって、めざす金属や燃料を獲得するための物理的化学的過程に専心することによって、とりわけ、農夫や職人の有機的世界から、また教会・大学共同体・都市共同体といった精神的世界から、地形的精神的に隔絶することによって、のちの機械化の様式に原型を提供した。環境の破壊という点で、また人間の生命に対する危険への冷淡さという点で、鉱業は非常に戦争行為に似ている。それは同様に、危険と死に直面することによってしばしば、頑強で自らをたのむ性格、つまり最善の兵士を生みだす。しかし鉱業の破壊的な悪意と、鞭でせきたてるような毎日のきまった仕事とは、その環境の貧しさと無秩序とともに、鉱業の産物を用いる新しい諸産業にひき継がれた。こういった否定的な社会的結果は、機械による利益を相殺してしまう」。

　利得の多い活動に対するこういう新しい態度は、それを指す新しい用語の導入によく反映している。トリパリアーレはトレパリウムによる拷問を意味した。トレパリウムは三本の木の棒でできた串刺しの道具をさす言葉として、六世紀に初めて文献にあらわれた。十二世紀までにその言葉は、フランス語でもスペイン語でも、人間がこうむる苦痛にみちた経験をあらわすようになった。十六世紀になってようやく、〝働く《トラバハール》〟という動詞を仕事に関する〝加工する《ラボラール》〟や〝汗をかく《スダール》〟と互換的に用いることが可能になった。英語において生じたことも同様に重要である。事物は〝働き《ワーク》〟はじめた――最初には一六〇〇年に医薬が、ついで一六五〇年に人力による道具が。これらはまだ外部の動力で動かされる道具ではなかったとしても。試験官の中でホムンクルスをつくりだそうという錬金術師の夢は、人間のかわりに働き、人間を自分と並んで働くように教育するロボットをつくりだすという形をとってしだいに現実のものとなった。道具を産業主義的に、経済を資本主義的に組織するイデオロギーは、俗にいう産業革命に数世紀先行していた。マンフォードによれば、ヨーロッパはベーコン主義的な前提にもとづいて、時間を節約し、空間を縮小し、動力を増大させ、商品をふやし、固有の規範を撤廃し、生身の身体的器官を、それをかりたて、それが遂行する単一の機能のみを拡大する機械に置き換えはじめた。こういった強制的過程はすべて、現代社会において技術としての科学の土台となっているのだが、まだ検証を経ていないというそれだけの理由で、自明で絶対的なものに見えているにすぎないのだ。精神に関する同様な変化もまた、時間を厳守すること、空間を測定すること、簿記をつけること、そのようにして具体的な事物と複雑な出来ごとを抽象的な量に変換することを強調する、儀式的規則性から機械的規則性への推移というかたちをとって出現する。マンフォードによれば、働くものと道具とのあいだの計量できない個人的なバランスを掘り崩すのに力あったのは、反復的な秩序へのこうした資本主義的な献身であった。

新しい力は、時間との新しい関係を意味した。利子をとってお金を貸すことは、教会から〝自然に反する〟こととみなされていた。つまり貨幣はもともと必需品を交換する手段であって、稼働して利益をもたらすことができる資本ではなかった。十七世紀のうちに、教会さえもしぶしぶではあったがこの見解を棄て、キリスト教徒が資本主義的商人になったという事実を受けいれた。時間はお金のようなものになった。

――昼飯までに二、三時間ある（can have）、どうやって時間をつぶそう（spend）か……時間が足りない（short of）ので、委員会にそんなに時間をかける（afford to spend）わけにはいかない、時間をかけるねうち（worth）はないんだ……そんなことしたって時間のむだ（waste）だよ、それよりは一時間節約（save）したほうがいいね……といったふうに。

科学者は人間を動力源とみなしはじめた。彼らは一人の人間から見こまれる一日の労働行使の最大値を測定し、人間の維持費と力能の両者を、馬のそれと比較しようとした。人間は機械的な力の源として発明し直されたのである。古代のガレー船につながれた囚人はたいていのときずっと役立つというわけではなかった。というのはガレー船はたいていのときは港に停泊していたからである。しかし踏み車につながれた囚人は回転力を生みだし、その回転力にはどんな新しい機械でも連結することができた。十九世紀の初めまで、英国の刑務所では男囚は実際に踏み車について労働し、機械に動力を与えていた。

十五世紀に資本主義が始まるにつれて開始された産業革命の期間中に、道具に対する人間の新しい態度は、ついに新しい動力源の発明を要求するにいたった。蒸気機関は産業革命の原因というよりその産物であった。動力装置はやがて移動性をもつようになり、鉄道の登場とともに鉄器時代と産業革命は終局を迎えた。産業主義的なやりかたは既定事実となった。

二十世紀中に厖大な新動力源が開発され、この動力の大部分は人間の支配の及ばないものになった。人間はいまやほとんど機械に置き換えられ、機械の操作要員にまでおとしめられた。畑で隊列を組んで働く労働者として求められる人間の数はより少なくなっている。つまり奴隷労働は不経済なものになったのである。しかし、技師たちが、蒸気機関以前の数世紀に大量生産と産業化が生みだしていた課題を遂行するように機械を設計するにつれて、流れ作業に必要とされる人間もまた少なくなっている。より多くの動力が手に入るようになり、それゆえより多くの動力が使われる。人間の奴隷所有者は、超科学技術機構《メガマシーン》における人間のオペラント条件づけによってとって替られる。

私たちはみな私たちの時代の子として成長してきたし、それゆえ、脱産業主義的でしかも人間的なタイプの〝仕事《ワーク》〟を思い描くのはきわめてむずかしい。産業主義的な道具を縮小することは、鉱山や工場での苦しい労働や、機械という隣人と競争せねばならなかった合衆国の農業労働者の労働まで逆もどりすることに等しいように思えるのだ。機械が要求するたびごとに重いタイヤを熱い硫黄の溶液に浸さねばならない労働者は、文字どおり機械装置に釘づけされていた。農業労働もまた、かつて奴隷や農夫にとってそうであったようなものではなくなった。奴隷にとってそれは、主人のために主人の命にもとづいて行う労働であった。農夫にとってそれは、成長する植物や腹をへらした動物や予測できない天候の要求にあわせて、組織だてかたちづくることのできる彼自身の仕事であった。動力機械をもたない今日の合衆国の農業労働者は、古典的な奴隷がうけていた重圧とは異なる二重の重圧のもとにある。彼は機械を用いているどこかよその農業労働者によって設定された達成基準を達成しなければならないし、さらに、超科学技術機構《メガマシーン》の時代にあって自分は部品のように扱われていると感じるので、自分が恵まれておらず、収奪され酷使されていることをたえず意識している。自立共生的な社会をめざすことは、低出力の道具からなる社会を含意するものだという見とおしは、彼にとって、蒸気力の初期に非効率的な産業機械によって人力を搾取されていた事態へあともどりすることのように思えるのである。

私は、道具が用いられる制度的な配置の三つの型を記述してきた。一定の道具はこういった配置のひとつのうちでのみ有効に用いられる。十分に満足を与え、ゆたかに想像を喚起し、自立的であるような仕事のために正常に用いることのできる道具がある。また、労働という極上等の呼び名を与えられた活動に主として用いられがちな、別種の道具もある。そして最後に、ある種の道具はただ操作的に動かすことができるだけである。同じことが、物質的な人工物と、公式の制度的な配置をきめる一連の規則とについてもいえる。自動車は高速道路を要求する機械であり、高速道路は実際は選別的な装置であるのに、公益事業のような装いをまとっている。義務制の学校は巨大な官僚制的制度である。教師がどんなに自立共生的に自分のクラスを導こうとしても、彼の生徒は彼をとおして、どの階級に自分が属しているかを学ぶ。教師が学校で操作的に働くように、車は高速道路で操作的に働く。トラック運転手や教師がする仕事を労働と呼ぶことができるのは、非常に限られた意味においてでしかない。教師が学校制度内での自分の操作的な働きが自分の仕事を妨げていないと感じるのは、例外的な場合だけである。

この三類型の人間活動の市場的特徴は、それらの違いを明らかにするのに役立つ。労働は市場で売買されることができる。活動としての仕事は市場に出せないが、自立共生的な仕事の結果だけなら市場に出すことができる。最後に、機械を操作し、雇傭にともなう希少性のある特権を得る権利は、資格づけの処置をまえもって消費することによって取得されねばならない。その処置は学校教育のカリキュラムや継承的な職業にともなう審査の形をとる。

自立共生的でしかも効率的な社会にあうような道具は、歴史の初期の段階ではそうしようと思っても考案することはできなかった。いまなら、人間を機械の奴隷にすることなしに、奴隷制をなくすための機械類を考案することができる。科学と技術は、それを生産に適用したこの百五十年の外見上の特徴となってきた特殊な考えに束縛されるものではない。その特殊な考えとは、自然法則についての新知識は、人間に自然法則を利用させるための、ますます専門化しますます高度に資本化される準備にだけ使われねばならないというものである。科学は哲学から専門分化してきたものであるのに、操作をますます分化していくことの理論的根拠になっている。労働の分化は最終的に道具の労働節約的な分化をもたらした。新しい技術はいまでは商品供給の隘路をひろげるのに用いられている。公益事業は人々のための便宜から、高価な道具の所有者のための活動舞台に変ってしまった。科学技術は産業主義的生産様式をたえず支えるために用いられており、そうすることによって、自立的な企図のための道具を売る店をすべて舞台から排除する。しかしこういったことは、新しい科学的発見の結果ではないし、その有用な応用の結果でもない。それはむしろ、産業主義的生産様式がこれから先も拡大することを支持するまったくの偏見の結果なのである。特定の生産過程のいっそうの成長を阻害するちょっとした非効率を是正するために、研究班が組織される。計画的に生みだされるこういう諸発見は、それから、よりいっそう公共の便宜に役立つ高価な大躍進だと一般に告知される。研究はいまやだいたいにおいて産業主義的発達を指向するものになっている。

科学的進歩を、人間の自発性を計画化された道具と置き換えることと同一視する何の根拠もない見かたは、イデオロギー的な偏見の結果なのであって、科学的分析の結果ではない。科学は正反対の目的に応用することができる。進んだ、あるいは〝高度〟な科学技術は、労働を節約して仕事の面を強めるような非集権的な生産性と同一視されることだって可能なのだ。自然科学と社会科学は、個々人とある目的のための一時的な結社とに、かつてない自由と自己表現を享受しつつ自分たち相互の関係と自分たちの環境とを不断に再創造することを許すような、誰の手にもとどく道具と施設と規則を創造するために、用いることができる。

いまや、次のどちらかの目的のために、自然についての新しい理解を私たちの道具に応用することができる。ひとつは電子工業的サイバネティクスの超産業主義時代へ私たちを駆りたてる目的であり、もうひとつは真に現代的でしかも自立共生的な道具の領域をひろげるうえで私たちを利する目的である。限りのある資源は、数百万の視聴者に一人のタレントのカラー映像をとどけるために用いることもできるし、あるいは、多くの人々が自分の選んだレコードに自由に近づけるようにするために用いることもできる。前者の場合には、科学技術は、鉛管工であれ外科医であれテレビタレントであれ、働くものの専門化をいっそう促進するように用いられることになる。市場を調査し、バランスシートに目を走らせて、より多くの人々のためにそしてより多くの場合に、人々が選ぶことができる生産物の範囲をきめる官僚がどんどんふえることになる。ものの役に立たなくなった人々のために役立つ品物がいっそうふえることになる。だが科学はまた、道具を簡便化して、素人が自分の直接の環境を自分の好みにしたがってかたちづくれるようにするために用いることもできるのだ。ヨーロッパの宗教改革の期間に書記の手からペンをとりあげたように、医者の手から注射器をとりあげるべき時期が来ている。

いまでは治療可能な病気はたいてい、素人で診断がつくし処置もできる。人々がこうした主張を受けいれがたいのは、医療の複雑な儀式が医療の基本的な手順は簡単であるということを、人々に見えないようにしているからである。先に中国の裸足の医者の例をあげたのは、ふつうの労働者が余暇に現代的な医療業務にたずさわることが、どんなふうに三年間で、中国の健康管理をどこにも並ぶもののないような水準にまで躍進させることができたか、示すためであった。ほかの国ではたいてい、素人による健康管理は犯罪とみなされている。十七歳の私のある知りあいは、百三十人の高校生仲間に性病の処置をほどこしたかどで最近裁判に付された。専門の弁護人が彼女のしたことを合衆国保健局が行っていることとくらべた結果、彼女は判事から、専門的技法については無罪と判決された。彼女が最初の処置の六週間後にすべての患者を再検査するのに成功したからといって、合衆国のどこにおいても、彼女のしたことが〝標準的〟とみなされはしないのだ。進歩は依存の増大ではなく、自己管理能力の増大を意味するはずであるのに。

素人療法の将来性も、〝よりよき〟健康という幻想への私たちの加担という障害に遭遇している。その加担が私たちに、なおる病気となおらない病気の区別をわからなくさせているのだ。これは重大な区別である。なぜかというと、医師がなおらない病気を扱うようになるやいなや、彼の技術は手段から目的へとねじまげられるからである。彼は、患者の死との闘いを医師が肩代りする儀式によって、科学的な慰めを与えるようにそのかされた山師となる。患者は治療の過程あるいは死への過程で助力を受ける主体としての病人であるかわりに、医師の儀式執行の対象となる。医療は、個々人とその最も近い親族に、こうした治るか治らないかを識別する重大な診断を自分でくだすための技術的手段を提供できない場合、正当な職業とはいえないものになる。

素人療法をしだいに拡大し、それと並行して専門的医療をしだいに縮小するための新しい機会は拒否される。というのは、産業主義的社会における生活が、標準的な製品や規格性や公けに保証された品質に過大な価値を認めるように、私たちをしむけているからである。産業主義化された期待心のために、ひとりの人間の天職と標準的な職業の区別がぼやけてしまったのだ。もちろん、素人は誰でも大人になれば病気全般の治療者となる能力をもっているが、これはすべての素人が治療法をならわねばならぬという意味ではない。そのことはただ、人々が自分たちの力で隣人の世話をすることができ、世話せねばならず、また事実世話している社会では、もっともありふれた道具を使ううえで他より抜きんでた人々が存在するということを意味するにすぎない。人々がもう一度自分の家で生れ自分の家で死ねるようになり、通りでは片輪者や白痴が邪魔者扱いされず、鉛管工事と治療行為との区別がちゃんとついているような社会では、少なからぬ人々が大人になれば、他の人々が病気から治ったり病気に苦しんだり死んだりするさいに手助けをする能力をもつことができよう。

適切な社会的配置がなされれば、たいていの人が、学校化されずとも、またグーテンベルク以前の書記の職業を再びつくりださずとも、読者として成長していくであろうのとちょうど同様に、十分な数の人々が医療の道具を使いこなせるように成長していくであろう。こうなれば治療はいつでもどこでも手に入るものになるので、こういった能力を独占に変えたり、商品としてこの能力を販売することに変えたりするのはむずかしくなる。非専門職化とは、天職の自由と、病人が資格をもった医師の擬似宗教的な権威から得ている時折の元気づけとを、改めて区別し直すことを意味する。

もちろん、たいていの普通の医療を非専門職化すれば、今日の詐欺師のかわりにいんちき医者が現れることもありうる。しかし、いんちき医者の脅威ということは、専門の医者がひき起す損害が増大するにつれてもっともらしさを失う。専門家によって発明されたり用いられたりする道具を社会化するのに、素人の自己修正的判断に代りうるものは存在しない。特定の治療法にともなう特定の危険について生涯にわたって精通するようになることが、重篤な病にかかったときその治療法を受けいれたり拒んだりするための最上の準備となるのだ。

輸送というもうひとつの道具の例をあげよう。一九三〇年代の初め、メキシコはカルデナス大統領のもとで、近代的輸送システムを発達させた。数年のうちに、人口の八〇パーセントが自動車の利便を享受できるようになった。最も重要なのは、村々が石炭殻を敷いた道路で連結されたことである。重くて単純で頑丈なトラックが、時速二十マイルよりはるかに低い速度で、しじゅうその道路の上を走った。人々は後部や屋根に積みこまれた商品に場所をあけるために、床に釘づけされた木製ベンチの列につめこまれた。短距離の場合、その乗りものは人々と競合することはなかった。というのは人々はまだ歩いて自分たちの商品を運ぶのに慣れていたからである。しかし、長距離旅行が車のおかげですべての人に可能となった。人間が豚を市場まで追い立てて行くかわりに、人と豚がトラックで行をともにすることができるようになった。いまやどんなメキシコ人も、国内のどんな地点にでも数日で行けるようになった。

一九四五年以来、道路に費やされる金は毎年増加している。その金は少数の中心地をつなぐハイウェイの建設に使われた。いまや、きゃしゃな車がなめらかな道路の上を高速で走る。巨大で特殊化されたトラックが工場と工場をつなぐ。あの多目的用でどたどたした古い型のトラックは、山間部や沼地に追いやられてしまった。たいていの地域で、農夫は産業主義的にパッケージされた商品を買うために、バスに乗って市場へ行かねばならないか、それとも、食肉業者に雇われた運送業者に自分の豚を売るかのどちらかになっている。彼はもはや自分の豚を連れて市場へ行くことができない。彼はさまざまな専門化した独占企業の所有者に奉仕する道路のために税金を支払う。しかも、その恩恵が結局は自分にまで及ぶだろうという幻想のもとに、そうするのである。

空調設備のついたバスのクッションの利いた席にときどきすわることとひき替えに、庶民は古いシステムが与えてくれていた移動可能性の多くを、何ら新しい自由も得ることなしに失ってしまった。メキシコのふたつの典型的な大州――ひとつは大部分砂漠で、ひとつは大部分山と草地なのだが――での調査が、この結論を確証している。一九七〇年度に、一時間に十五マイル以上の距離の移動をしたことのある人は、どちらの州でも人口の一パーセント以下だった。必要とあればモーターが装着できる適切な手押し車や自転車がもっとあれば、人口の九九パーセントにとって、ご自慢の種の高速道路の開発などよりずっと有効な技術的解決策となっていたであろうのに。こういった手押し車は、そういう仕事に訓練をつんだ人々によって作られ補修されることができたはずだし、インカの標準にあわせて造られ、それでも障害をへらすために舗装はされている路床の上で運行することができたはずである。標準化された道路と自動車に対する投資の理論的根拠づけとして、それは発展のための条件であるとか、それなしには地方は世界市場に統合されえないとかいうことが、通常口にされる。どちらの主張もなるほどと思わせる。しかしそんな主張が望ましいものとみなされるのは、金銭的な統合が発展の最終目標であるかぎりのことである。

最近数年間に、発展の推進者たちは、今のような使い方では車は非能率であることを認めるようになった。この効率の悪さは、現代の乗用車は公衆の利益のためではなく私的所有のために設計されているという事実にもとづいて非難されている。事実は、現代の個人的輸送が非効率的であるのは、船や列車の客室ではなくて個人用のカプセルが大部分の車のモデルとなっているからではなく、またこういう車が現在はその運転者によって所有されているからでもない。それが非効率的なのは、高速とよりよい輸送との強迫的な同一視のせいなのだ。どんな対価を払おうともよりよい健康を求めるというのが精神の病の一形態であるように、より高速を求めるための口実も精神の病の一形態なのだ。

鉄道は、たんに同じ速度に異なった料金を課すことによって、それが奉仕する階級社会を反映していた。しかし社会がより高い速度に身をゆだねると、スピードメーターが社会階級の指標となる。どんな農夫であっても、馬に乗ってラザロ・カルデナスと同行することができた。今日、現代風の統治者には、個人的なスタッフが彼の個人用ヘリコプターに同乗してつきそうだけである。資本主義国では、どれくらい頻繁に長距離の移動ができるかということは、支払い能力によって決定される。社会主義国では、ある人の移動する速度は、官僚制がその人に付与した社会的重要性にかかっている。どちらの場合においても、人が旅行するさいの特定の速度が、その人の属する階級と仲間をきめるのである。速度は効率志向型の社会を階層化する手段のひとつなのだ。

　スピード中毒を助長することはまた、社会管理の手段でもある。さまざまな形での輸送はいまや合衆国の国民総支出の二三パーセントをのみこんでいる。合衆国はそのエネルギー資源と人々の時間の四分の一を、どこかへ到着するという事業に配分できるほど豊かなのかもしれない。クフ王のもとで、エジプト人は大ピラミッドを建造して自分たちの支配者を地下の世界に送りとどけるために、二、三年のあいだに同じぐらいのエネルギーと時間を費やしたかもしれない。しかし不幸なことに、輸送は、ラテンアメリカの多数の都市行政体で任意の一年に費やされる現金のうちから、さらに高いパーセンテージの金額をとりたてているのだ。道路は自給自足の零細農家や職人の地位を引きさげ、彼らの村を貨幣経済に統合し、彼らの手にはいる現金の多くをのみこんでしまう。たしかに、現代の輸送はある地域を世界市場に編入するし、また、外国の商品を消費し外国の価値を受けいれるように住民を訓練する。たとえば、タイは歴史を通じて運河《クロング》で有名であった。この水路は国中を縦横に貫いていた。人々や米や徴税請負人たちはみな、この運河によって容易に移動していた。乾季には孤立してしまう村もあったけれども、村々の季節の生活のリズムは、この周期的な孤立を瞑想と祝祭の好機会に変えた。長い休暇をとることができ、その休日をいろいろな活動でみたすことのできる社会は、たしかに貧しくはないのだ。この五年間に、主な運河は道路をつくるために埋め立てられた。バス運転手は一日に走行するマイル数に応じて賃金を払われ、また車はまだ少なくもあるので、タイ人はしばらくのあいだ、世界記録的なバス速度で国中を動きまわることができるだろう。彼らは建設するのに何千年もかかった水路の破壊という代償を支払うことだろう。経済学者は、バスやトラックは一年当りより多くの金を経済から汲みあげると主張する。たしかにそうだ。しかしそれは、米運び舟がかつてはどの家族にもかなえてくれていた自立性を、たいていのタイ人から奪いとるという代償を払ってのことである。もちろん、車の所有者は、世界銀行が彼らのための道路に資金を提供せず、彼らが運河を冒瀆するのを認める新しい法律をタイ政府が制定していなかったなら、米運び舟とけっして競争できなかったはずである。

近代国民国家は社会に産業を強制し、そのことによって国民の貧困を現代化したのだが、建設業はそういう産業の別例である。建設業に対して法的保護と資金援助が行われたので、自力で家を建てようとする人々の機会は削られ抹殺されてしまった。そんなことがなかったなら、彼らはずっと効率よく自分の家を建てられたはずなのである。ごく最近メキシコは、すべての労働者に適切な住宅を供給する目的の大計画を開始した。第一段階として、一軒の家の建築に新しい基準が設定された。この基準は、住宅を購入する細民を、住宅を生産する産業による搾取から保護する意図をもっていた。ところが皮肉なことに、ほかならぬこの基準が、いっそう多くの人から、自分で自分の家を建てる伝統的な機会を奪うことになったのである。その法律は、余暇に自分の家を建てる人々がみたすことのできないような、最低の必要条件をこまかく規定している。それに加えて、産業的に建設された住宅地域の実際の家賃は、八割の国民の収入総額を超えるのである。そこでよりよい住宅は、裕福に暮している人々か、その法律が直接の家賃補助を認めている人々だけが占拠することになる。

いったん、産業的基準以下の住宅が不適切と定義されると、住宅を購入することはできないが自分で家を建てることはできる圧倒的多数の人々に、公共資金の提供が拒否される。貧民の居住地域の改善にあてられる財源は、ある地域の中心都市に隣接するニュータウンづくりに独占的に使われてしまう。そういうニュータウンに住むことができるのは、政府機関の勤務者や、労働組合に組織された労働者や、いい縁故をもった人たちである。こういった人々はみな、一国の経済の近代的部門に雇傭された人々である。すなわち勤め口《ジョブ》をもっている人々なのだ。彼らは名詞として自分たちの“仕事《トラバーホ》”について語るのが身についているので、他のメキシコ人から容易に見わけることができる。一方、雇傭されていないもの、時々しか雇傭されないもの、最低限の生活レベル付近で暮らしているものは、彼らが働きに出る場合、その名詞を用いることはない。

　こういう仕事をもっている人々は、自分の家を建てるのに補助金がもらえるだけではない。公共サービスの全部門が彼らに奉仕するように再配置され開発されている。メキシコシティでは、一〇パーセントの人々が家庭用水の五〇パーセントを使っていると見積もられている。実際、この高原地帯では水はたいへん希少なのだ。この建築関連法令は富んだ国々の基準よりはるかに低い基準を定めてはいるが、家を建てる場合にとるべき一定のやりかたを規定することで、住宅不足を激化させているのである。社会にいっそうよりよい住宅を供給するという口実は、よりよい健康を提供するという医師の口実や、より速い速度を提供するという工学技師の口実において私たちが見てきたのと同じ種類の錯誤なのである。抽象的で実現不可能な目標を設定すると、その目標を達成するための手段が目的に変えられてしまうのだ。

メキシコで起ったことは「進歩のための同盟」の十年間に、カストロ統治下のキューバも含めてラテンアメリカ全体を通じて起った。それはまたマサチューセッツ州でも起った。一九四五年には、マサチューセッツ州における一家族用住宅の三二パーセントはまだ自家建築であった。すなわち、その家の所有者によって基礎から屋根まで建てられるか、あるいは所有者が全責任を負って大工に建築させるかであった。一九七〇年までにその比率は一一パーセントにまで下がった。その期間に、住宅供給が大問題であることが発見された。自家建築向きの道具や資材を生産する技術的能力が、その何十年かの間に増大したにもかかわらず、労働組合とか法令とか抵当に関する規則とか市場といった社会的配置が、上述の可能性を選択するのとは逆方向に変化したのである。

たいていの人々は、自分の家の値うちの重要な部分が自分自身の労働を投入した結果であるのでなければ、くつろぎを感じないものである。自立共生的な政策は、自力で家を建てたいと思っている人々が自分では手に入れられないものが何であるかを明らかにし、そのことによって、最小限度の物理的空間や、水や、基本的な建築資材や、電気ドリルから機械化された手押し車にわたる自立共生的道具や、さらにはおそらく一定限度の信用貸付けをすべてのものが利用できるように保証するであろう。このような現行政策の逆転は、脱産業主義社会に、昔のマヤ族にとって標準的であったし、いまなおユカタンでは慣例であるような住居とほとんど同程度に、社会成員にとって好ましい現代的住居を提供することができよう。

私たちの今日の道具は、専門化されたエネルギーを送達するように工学的に設計されている。こういったエネルギーは単位化された量のかたちをとる。一単位以下のエネルギーは送達されない。四年間の学校教育を途中でやめることは、全然それを受けていないことより悪い。それは以前生徒だった者を脱落者と規定するだけのことである。このことはひとしく医療・輸送・住宅にもあてはまるし、農業や司法行政にもあてはまる。機械化された輸送は一定の速度をもつ場合にのみ価値がある。紛争の解決は、その争点が裁判費用を正当化するほどの重要性をもつ場合にのみ有効である。新しい穀物の栽培は、農場主のもつ土地のエーカー数と資本が一定規模をこえている場合にのみ生産的である。抽象的に想定された社会的目標を達成するようにつくられた強力な道具は、必然的にその産出物を、大衆の手のとどかない単位量のかたちで送り出す。かてて加えて、そういう道具はたがいに結びつけられている。政府や産業で重要な地位につきうる機会は、学校教育の高い単位量を消費したという証明を受けたものたちのためにとっておかれる。彼らは突然変異性のゴムの木のプランテーションを経営するように選ばれた人たちであったり、会議から会議へと走り廻るのに車が必要であったりする人たちである。生産性という概念が成り立つには、制度的に定義された価値を一定単位量パッケージした産出物がなければならないし、生産的なマネージメントという概念が成り立つには、個人がこういった産出物のすべてをただちに手に入れる権利をもっていることが必要である。

専門職的に目標を設定することは、自分以外の専門職によって生みだされた環境のための商品生産につながる。高速とアパートに依存する生活には、病院がなくてはならぬことになる。こういったものは定義からして手にはいりにくいものなのであり、進化してやまぬ専門職によって日に日に新しく設定される基準にそれらが近づくにつれて、いっそう希少になる。そこで、市場に現れるどの一単位《ユニット》どの一単位量《クオンタム》も、人々を満足させるよりむしろ欲求不満に陥らせることになる。

公正な社会とは、一人の人間にとっての自由が、他人にとっての同等の自由が生みだす要請によってしか制限されることのない社会であるだろう。そういう社会は前提条件として、まさにその特性によって、そういう自由を妨げるような道具を排除するという同意が必要である。このことは物的な機械としての道具だけではなく、学校制度のようなもともと純粋に社会的な配置であるような道具にもあてはまる。自立共生的な社会では、強制的で終りのない学校教育は、公正のために除去されねばならないだろう。生涯の特権を求めて終りなき階梯を昇りつめるという、特定年齢ごとの強制的な競争は、平等性を増大させることはできず、より早くスタートしたもの、より健康なもの、教室外でよりよく知識を装備されたものに有利に働くにちがいない。そういう競争は必然的に社会を、失敗者から成る多くの層に階層化する。それぞれの層には、より多くの教育を消費したものは社会全体にとってより価値のある財宝であるので、より多くの特権を受けるにあたいすると信じるように教育された脱落者が住むことになる。学校という手段による教育が、社会が機能をはたすために不可欠のように構築された社会は、公正な社会ではありえない。一定の構造上の特徴をもつ動力道具は避けがたく操作的であり、公正のためにはそれもまた排除せねばならない。現代社会では、エネルギー投入は主要な新特権のひとつのあらわれである。変化を生みだす各人の能力は、エントロピーの低いエネルギーを支配する能力にかかっている。各人が物質的環境に自分の意味づけをほどこす権利は、こういうエネルギー管理にかかっているのである。自分が選んだ未来へ向けて行動する能力は、その未来に形を与えるエネルギーの管理に依存している。厖大な環境的エネルギーを使用する社会において平等に自由であるということは、そのエネルギーの変換に対する管理能力が平等だということであって、たんに、そのエネルギーを用いて生みだされたものに対する請求権が平等だということではない。

今日用いられている動力道具の大部分は、管理の集権化に都合よくできている。高度に専門化された道具をそなえた産業主義的な工場設備は、彼らが扱うエネルギーがどう使われるかということに対する選択権を労働者に与えないし、たいていの技術者にも与えない。このことは、私たちの社会を支配している消費者向けの高出力の道具についても、前者の場合ほど歴然とはしていないかもしれないが、同様にあてはまる。車や冷暖房装置といった、そういう道具の大部分はあまりに高価であるので、少数のきわめて豊かな国々以外では平等に利用することができない。一方、機械化された家庭用具のような道具は、非常に特殊化された性質のものなので、ずっと単純な手道具以上に自由をもたらすことなどけっしてありえないのだ。産業主義的な生産が行使する独占は、特権的な顧客からさえも、彼らが入手しうるものに対する管理能力を奪いとる。たいていの人が欲しがっている車を買えるのはごく少しの人間だし、ジェネラル・モーターズの設計技師にできることといったら、いま存在する道路にあわせて車を建造することくらいなのだ。

国家と多国籍企業は、拡大する国際的な専門職の帝国の手段と化している。専門職帝国主義は、政治的支配や経済的支配が打倒されたところでさえ凱歌をあげている。学校はどこにおいても、学習理論とカリキュラム編成に関する同じ本を読んでいる教育学者によって支配されている。学校はどの国でも任意の一年間に、多かれ少なかれ同じタイプの生徒を生みだしている。一九五〇年度の卒業生は、パリにおいてそうであるようにダカールでも時代おくれである。クロロマイシンやステロイド錠剤を投与する医師によって、世界中で同一の医原病がつくりだされている。どの国も、より資本集約的でありより大きい費用収益率を約束する生産過程を選びとる傾向があるので、技術進歩による同種の失業がいたるところで生みだされる。国際化した専門職がみたすることができるものが基本的な必要《ニーズ》だと定義される。こういう商品を世界の各地方で生産することは、学歴の高い民族エリートの利益となるので、一国の医師や教師や技術者はそれを外国の支配に対する解毒剤として擁護することになる。専門職帝国主義の知識資本主義は、国際金融や国際的兵器体系よりも気づかれることなく、そしてそれと同じくらい効果的に人々を征服する。

私たちの時代の不公正の主な源は、まさにその性質からして、それを自律的に使用する自由をごく少数の者に制限してしまうような道具の存在を、政治的に容認することにある。諸党派のどれかを選ぶ投票権を各人に与えているもったいぶった儀式は、産業主義的道具の帝国主義が圧倒的でありかつ進展している事実を隠蔽するものにすぎない。産出物の増大と専門的にきめられた一定単位量の一人当り消費の上昇を証明する統計は、目にみえない費用がおそろしく上昇していることを蔽いかくしているだけなのだ。人々はよりよい教育、よりよい健康、よりよい輸送、よりよい娯楽、そしてよりよい栄養さえも手にいれる。ただしそれは、専門家が設定した目標を「よりよい」ということの尺度と思いこむ場合にかぎっての話だ。それゆえ、自立共生的な社会の実現可能性は、三つのレベルでの帝国主義の破壊性に関する新しい合意にかかっている。三つのレベルとは、ある国家の境界をこえた有害な拡大、多国籍企業のいたるところでの影響力、生産に対する専門職的独占の急速な進展である。社会の自立共生的な再構築のための政策は、とくに第三のレベルでの帝国主義に立ち向わねばならない。そのレベルでは、帝国主義は専門職主義の形をとる。資源と生産手段の公有と、市場ならびに力の最終的な移転に対する公的管理は、現代の道具の、これなら我慢できるという基本的構造を公的に決定することによって、補足されねばならない。このことは、脱産業化社会の政策が、今日のように生産の目標の選択に関わるよりむしろ、道具の設計基準の開発に主として関わらねばならぬことを意味している。この政策は、今日新しい人工の不可欠品目を供給し定義しつつある諸制度を構造的に逆倒することを意味するだろう。

政治を逆倒するには、自立共生的な生活スタイルが可能であることを示すだけでは、あるいはそれが、産業主義的生産性によって律されている社会における生活より魅力的であることを明示するだけでは、十分ではなかろう。このような逆倒がなされれば社会は、われわれの主要な諸制度の目標とされているものに合致するところまで近づくだろうといった主張に、とどまっているわけにはいかない。公正で社会的に平等な秩序は、道具の自立共生的な再構築と、その結果としての所有権と力能《パワー》との再定義とを通じてしか実現されないことを示したところで、十分ではない。私たちが必要としているのは、今日の政治的目的を逆倒することはあらゆる人々の生き残りのために必要なのだということを認識する方法である。

たいていの人々は自分の自己イメージを今日の構造につなぎとめており、そのつなぎのくいを打ちこんだ大地を失うことを望まない。彼らは産業化をさらに持続させるいくつかのイデオロギーのひとつに、心のよりどころを見出している。彼らは自分がつながれている進歩の幻想を、是が非でもあと押ししなければならないような気になっているのだ。彼らは、人間のエネルギーの投入はいっそう減らし能力の分化はいっそう進めながら満足が増大することを、待ち望み期待している。工芸品や個別的な世話を贅沢として高く評価するにもかかわらず、より労働集約的でしかも現代的でもある生産過程という理想は、彼らには空想的で時代錯誤的なものにみえるのである。

選挙民に、産出物の増大と品物のよりよき分配を公約してきた政治家たちに、大多数の有権者が平等な消費の見こみよりむしろ、すべてのものに対する限界設定を選ぶであろう日のために心づもりをさせるというのは、ばかげたことのようだ。数百万の餓えた人々に食料を与えることが自分たちの使命だと感じるに至った人道的な自由主義者から、逆の洞察を期待するのも、同様に望みがないようにみえる。彼らは、人々はなるほど食べはする、しかし養われるときには死ぬ、ということを忘れているのだ。これら自ら買ってでた同胞の守護者たちは、他の人々の生存を彼ら自身の増大する効率性に依存するようにしむける。銃の生産から穀物の生産に転ずることで、彼は罪の意識を減じ、権力意識を増大させる。彼らは極限点へ向けての人口増大と緑の革命の失敗に対して盲目である。現在人々に食料を与えることで飢餓は一九八五年までにいっそう拡大することを、緑の革命は保証しているのだ。自己過信のせいで彼らは、産業主義的膨張の放棄のみが、いわゆる後進国において人口と食料を均衡させることができることを理解できないでいる。人々に食料を与え、しかも人口の増大を抑えようとする企ては、両者がたがいを強めあう非常に危険な幻想である。経済学者もまた、彼らにとってすべての制度が、計画された産出物の増大と、内部不経済をそっと外部に転嫁する能力とによって評価されねばならぬものであるかぎり、制度的な逆倒を予見することはできない。経済学の用語と枠組は、他の点では対立的な経済学的信条に共通する、抗しがたい価値の制度化というイデオロギーによってかたちづくられている。

脱産業主義社会の自立共生的な生活スタイルの理論的可能性を、新しい道具のための政治的プログラムに表現し直すためには、今日の道具の一般的な基本構造が人類の生存を脅やかしていることがいますぐ明らかにされねばならない。この脅威が差し迫ったものであり、効率を強制することの影響が、私たちの世代の大部分の人々に、益よりも害を与えていることが明らかにされねばならない。このためには私たちは、今日の諸制度が欲求不満をひきおこすものとなる限度を確認しなければならぬし、また、私たちの道具が社会全体を破壊するものとなるもうひとつの限度を認識せねばならない。

Ⅲ　多元的な均衡

人間のもつ平衡作用は開放的なものである。それは、可塑的ではあるが限定された諸要因の範囲内で変動することができる。人々は変化することができるが、それは限度内だけなのだ。対照的に、今日の産業主義システムはダイナミックなまでに不安定である。それは無限の拡張と、それと同時的に生じる新しい必要《ニーズ》の限度なき創造のために組織されている。その新しい必要《ニーズ》は産業主義的な環境では、すぐに基本的必需品となる。

ある社会においていったん産業主義的生産様式が支配的になると、産出物のあるタイプから別なタイプへの転換は依然として許されるだろうが、諸価値のいっそうの制度化に限界を課すことは許されない。このような成長は、道具の論理に従属することによって満足を求むべしという、矛盾した要請を生みだす。

道具によって人々にかかってくる要請は、ますます金のかかるものになる。人間を道具が与えるサービスに適応させる費用が上昇していることは、生産全般において商品からサービスへの転換が進行中であることに反映している。成長する諸産業の力学に対して人間の生命の平衡作用が抵抗するのをおさえつけるために、人間に対する操作がますます必要になる。操作は教育的、医療的、行政的な療法《セラピー》の形をとる。教育が競争しあう消費者を生みだし、医療は、消費者が要求するようになった工学化された環境のなかで彼らを生かし続ける。官僚制は、人々に無意味な仕事をさせるためには社会的に管理する必要があることの表れである。新しいレベルの特権を軍隊や警察や保険といった手段で保護するための費用が並行して増加していることは、消費者社会には不可避的に二種類の奴隷が、すなわち中毒に囚われた人々と嫉妬に囚われた人々とが存在することの反映である。

限度のない生産が人類の生活を脅やかしているいろいろな局面に、いまや政治的議論を集中しなければならない。健康・輸送・教育・住宅のシステム、いや政治や法のシステムさえうまく作動していない深い理由を覆い隠すだけの緩和策を処方することに熱心な人々によって、こういう政治的討論がまちがった方向に導かれることもありうる。たとえば環境危機という問題も、生産の総産出が減少しないかぎり汚染防止対策は効果を発揮しないことを指摘するのでなければ、上っ面だけのものになってしまう。そうするのでなければ、そういった対策は廃棄物を見えないところに移したり、未来に押しやったり、貧しい人々に押しつけたりということになりがちなのである。大規模産業によって地域ごとに生みだされた汚染を全面的に除去しようとすれば、ほかのどこかでその数倍の被害を生みだしかねない装置や材料やエネルギーが必要になる。汚染防止対策を義務づければ、製品の単価があがるだけである。このことはみんなのために新鮮な空気をいくらかとっておくことになるかもしれない。というのも、車を走らせたり、エアコンつきの家で眠ったり、週末に飛行機で釣場へ飛んだりできる人々が減るからである。しかしそうなると、自然環境の破壊のかわりに、いまよりいっそう社会を分解させることになる。石炭から原子力への転換は、今日のスモッグを、明日の高レベルの放射能で置き換えることである。精錬所を汚染規則がそれほど厳しくない海外へ移すことは、世界規模の高度汚染という犠牲を払って、ヴェネズエラ人ではなくアメリカ人を悪臭からまもることなのである。

道具の過剰成長は、迷惑行為とか不法行為といった伝統的な形態に似たところもあるがしかし全く新しいやりかたで、人々の脅威となる。こういった脅威は新しい種類に属する。というのは脅威を与えるものと脅威を受けるものが同一の人間だからである。すなわち彼は、残酷なほどに破壊的な道具の操作者でもあれば依存者でもある。最初のうちはそのゲームでもうける人もいるが、結局はすべてのものがその持てるすべてを失うのである。

産業主義的発展が第二の分水嶺を通過したあとで、世界のあらゆる人々を脅やかしている六つの側面を確認しておこう。(1)過剰成長が、人間が進化してきた環境の基本的な物質的構造に対する人間の権利を脅やかしている。(2)産業化が自立共生的な仕事をする権利を脅やかしている。(3)人間を新しい環境にあわせて過剰に計画化《プログラミング》することが、創造的な想像力を麻痺させてしまう。(4)生産力の新しい水準が政治参加の権利を脅やかしている。(5)古いものを強制的に廃してしまうことが、言語や神話や道徳や審判における先例の源泉である伝統を生かす権利を脅やかしている。私は以上五つの脅威を、手段を目的に倒置する破壊的な作用を共通してもっている、相互に関連はしているが区別可能なカテゴリーとして叙述するつもりである。(6)巧みに仕組まれてはいるが強制的な満足のおしつけが生みだした広汎な欲求不満は、六番めのより微妙な脅威を構成する。

私が道具の過剰成長によって生みだされた危険な賭を、六つのカテゴリーに典型化するのは、それが与える損害を伝統的な用語で確認できるようにするためである。被害を受けた当事者に奉仕すべき非人格的な道具が不可避的に被害を与えるというのは、新しい事態であるが、各人を脅やかしている損害そのものは別に新しいものではない。この六つのカテゴリーは、道具の働きが現在不均衡であることを明らかにしさらにそれを矯正することを可能にする手順に関する原則を、回復するのに役立つ。道徳上政治上法律上の手順の根底にあるこういう原則は、私の考えでは三つ存在する。すなわち、個人的な不一致を合法的なものとして認めること、現行の手順に対して歴史が弁証上の権威をもつことの承認、政策決定を拘束するのに素人や仲間に頼ることの承認、この三つである。われわれの主要な諸制度の機能を根本的に逆倒することは、ふつう提唱されるような所有や権力の変更よりもはるかに根底的な革命なのである。手順の基礎的な構造が回復され明確に協定されないかぎり、そういう革命は思い描くことも実行することもできない。この構造はいまや具体的な用語を用いて議論することができる。したがって私は議論をわかりやすくするために、正式の法律概念を引合いに出すことにしよう。

1 生物学的退化

人間と生命界とのバランスが不安定であることはすでに認識されているし、また急に多くの人々を悩まし始めている。環境の悪化は劇的であり、すこぶる目につきやすい。メキシコシティの車の交通量は何年かの間に着実に増えたけれども、それでも空には星がきらめいていた。それから二年以内に、スモッグが降りてきて、すぐにロサンジェルスより悪い状態になった。こういった現象は、科学を学んだことのない人々でも容易に論評し認識することができる。未知の効能をもった毒物が地球の生態系に排出されている。そのうちのいくつかは回収する手だてがないし、またそのいくつかが突然複合作用を起して、全地球がエリー湖やバイカル湖のように死滅するとしても、それを予知する手だてはない。人間は宇宙の中で或る生態的地位を獲得するように進化してきたのである。地球は私たちの故郷なのだ。この故郷がいまや人間の仕業で脅やかされている。

人口過剰と豊かさの過剰と科学技術の欠陥が、連合して環境のバランスを破壊におとしいれる三つの傾向であると、ふつうみなされている。ポール・エーリヒは、人口抑制と消費の鎮静化の必要を正直にとりあげると、「反人民的であり反貧民的であるというたえがたい批判にさらされる」ことになろうと指摘している。しかし彼はまた「こういう不人気な手段だけがかつてない惨劇を避けるための唯一ののぞみだ」と力説している。エーリヒは産業主義的効率によって産児制限を実行したがっているのだ。バリー・コモナーは、問題の第三要素である科学技術の欠陥が、最近の環境の質的悪化のほとんどをひきおこしている原因だと主張している。彼は反技術主義の煽動家という批判にさらされている。コモナーは道具の基本構造を逆転するよりむしろ、産業を道具面で再編成したがっているのだ。

環境危機に人々が心を奪われたために、人類の生き残りに関する論議は、技術的手段によって脅やかされているバランスのうち、たったひとつのバランスにのみ集中してしまうことになった。ひとつの次元だけでの議論は不毛でしかない。この三つの傾向は実際に正体が確かめられてきた。そのそれぞれが人間と自然環境のバランスを狂わせる傾向をもっている。人口過剰は限られた資源に依存する人々の数をふやす。豊かさは各人により多くのエネルギーを使うことを強制する。欠陥のある科学技術は非効率的なやりかたでエネルギーを劣化させる。

もしもこの三つの傾向だけが重要な脅威であり、自然環境が脅威を受けている唯一の基本的環境だとみなされるのならば、論議せねばならぬ中心問題はふたつだけということになる。すなわち、第一に、どの要因ないし傾向が環境をもっとも悪化させたのか、どの要因が今後数年間にもっとも大きい負担をかけるか、決定することであり、第二に、何らかの方法でそういう要因を減少させたり逆倒したりできるのだから、どの要因が最も注意に価いするかを決定することである。ある一派は人間の数をへらすほうがやさしいと主張するし、またある一派はエントロピーを増大させる生産を縮小するほうがうまくいきそうだと主張する。

正直であろうとすれば私たちは各人、生殖や消費や浪費を制限する必要を認めないわけにはいかない。だが、それと同等に私たちは、機械が私たちに代って仕事をしてくれるだろうとか、セラピストが私たちに知識や健康を与えてくれるといった期待心を根本的に削ぎ落さねばならない。環境危機の唯一の解決案は、もし自分らがともに仕事をしたがいに世話しあうことができるならば、自分たちは今より幸わせになるのだという洞察を、人々がわけもつことなのである。今日の世界のものの見かたをこのように逆倒するには、知的勇気がいる。というのは、そういう逆倒をあえてすれば私たちは、たんに反人民的だとか経済的進歩にさからうというだけでなく、同様に、自由な教育と科学技術の進歩に反対するものという、迷妄なしかしたえがたい批判にさらされるからである。人間と環境の不均衡は相互に強化しあっているいくつかのストレスのひとつにすぎず、それぞれのストレスがおのおのちがう次元で生活のバランスを歪めているのだという事実を、私たちは直視しなければならない。この見かたからすると、人口過剰は学習のバランスが歪められた結果であり、豊かさへの依存は個性的な価値に対する制度的価値の根元的独占の結果であり、欠陥ある技術は手段が目的へ変質したことの無慈悲な結果なのである。

生態学的な不均衡に対するさまざまな万能薬的対策の提唱者どうしの一次元的な論議は、どうにかして人間の行為を、技術的な完全性として思い描かれた世界が要求するものに適合するように、工学的に計画化することができるという誤った期待を煽りたてるだけだろう。こういう環境のもとで官僚制に保証されて生きのびるのは、生産と生殖のシステムを中央で計画化することが、地球の進化の方向を指導することと同一視されるにいたるまで、産業主義的経済を拡大することを意味する。こういう産業主義的性向の解決策が、生存可能な環境を保存する唯一の方法として一般に受けいれられるようになると、自然環境の保護とは、人間の生殖・期待・生産・消費の水準を規制するレバーに手をかけている官僚制というレヴァイアサンの存在を、理論的に根拠づけることになりかねない。人口増大、汚染、豊かさに対するこういう技術主義的対応は、すでに優勢になっている価値の制度化のいっそうの進展にもとづいてしか成り立ちえない。こういった進展が可能だという信念は誤った仮定にもとづいている。すなわち「科学技術の歴史的達成は、諸価値を技術的な課題に変えること、つまり諸価値の物質化を可能ならしめた。したがって、急を要するのは、価値を科学技術的過程の一要素として専門用語的に再定義することである。そうすれば、技術的な目的としての新しい目的は、事業計画や機械体系の利用においてはもとよりその構築において有効に働くだろう[9]」という仮定にもとづいている。

生態学的均衡の再建は、進展する価値の物質化を無力化しうる社会の能力にかかっている。その能力がなければ、人間は自分がつくった人工世界の中に出口もなしにまったく閉じこめられてしまうだろう。自分でつくった自然的・社会的・心理的環境に封じこめられて人間は、自分が数十万年かかって適応してきた昔の環境を二度と見いだすことはできずに、科学技術がつくった人工殻の囚人となりはてるだろう。私たちが、人間だけが目的をもち人間だけが目的をめざして仕事をすることができるということを再認識しないかぎり、生態学的均衡を再建することはできない。機械はただ、人間を、機械の破壊的な進歩における無能な協力者という役割におとしめる作用を、無慈悲にいとなむだけである。

2　根元的独占

過剰に効率的な道具は、人間の自然環境との関係を楽なものにするように応用されると、人間と自然との均衡をくつがえすものになる。効率過剰な道具は環境をだめにする。だが道具はまた、全くちがうやりかたで効率過剰なものにされることがある。道具は、人々が自分でする必要があるものと、できあがった形で得る必要があるものとの関係をひっくり返すのである。効率過剰の道具が根元的独占をもたらすのは、このふたつめの次元においてである。

根元的独占という言葉で私が表わしたいのは、独占という概念のふつう含意をはるかにこえた、一生産物によるある種の支配なのである。「独占」という言葉が一般に意味するのは、商品やサービスを生産(または販売)する手段に対する、一企業による排他的支配である。コカコーラは、現代的な手段で広告される清涼飲料の唯一のメーカーであることによって、ニカラグヮの清涼飲料市場を独占することができる。ネスレは原料を支配することで、自社のブランドのココアをおしつけることができるだろうし、ある自動車メーカーは他社の車の輸入を制限することで、テレビ局は営業認可によっておなじことができよう。こういった種類の独占は一世紀もまえから、産業拡大の危険な副産物と認められてきたし、たいていは無駄骨に終ったものの、それを規制しようとして法律上の措置が行われてきた。この種の独占は、消費者に対して開かれている選択の機会を制限するものである。そういう独占は消費者に市場である製品を買うように強制するかもしれないが、同時に他の領域で消費者の気ままな行為を制限することはめったにない。のどの渇いた人間が冷くてすっとするあまい飲みものがほしくなったとき、ただひとつの銘柄しか選べないようになっていることに気づく、ということはあるだろう。それでも彼は渇きをビールでいやそうと水でいやそうと、自由なのである。彼の渇きがコカコーラへの欲求に置き換えられ、ほかに代るべきちゃんとしたものがないとすれば、そのときにのみ独占は根元的なものになるだろう。「根元的独占」という言葉で私が意味するものは、ある銘柄が支配的になることではなく、あるタイプの製品が支配的になることである。ひとつの産業の生産過程がさしせまった必要をみたす行為に対して排他的な支配を及ぼし、産業的でない活動を競争から締めだすとき、私はそれを根元的独占と呼ぶ。

車はこのようにして交通を独占する力をもっている。車は自分の姿にあわせて都市をかたちづくることができる——実際にロサンジェルスで徒歩や自転車での移動を締めだしたように。それはタイの河川交通をお払い箱にすることができる。フォードよりシボレーに乗る人が多いということが根元的独占なのではなくて、自動車による交通が歩く人の権利を削りとるということが根元的独占なのである。車が根元的独占をふるうことによって人々に与えている影響は、車が人口過剰の世界で、食料に変ることもできたガソリンを燃やすことによっていとなんでいる作用とは、まったく異なるものであるし、またそれとは無関係である。それはまた自動車が行う殺人とも区別される。もちろん車は、食料を生産するのに使えたはずのガソリンを燃やしている。車が危険で高価であることはいうまでもない。だが、車がうちたてた根元的独占は、独特なしかたで破壊的なのだ。車は距離をつくりだすのである。高速の乗りものはどんな種類のものであれ、空間を希少なものにする。それは人が住む地域に高速道路のくさびを打ちこんでおいて、車自身のために人為的につくりだされた人々をへだてる遠い距離をつなぐ架け橋の上で、通行料をとりたてるのだ。国土に対するこういう独占は、空間を車の餌に変えてしまう。それは徒歩と自転車にとっての環境を破壊する。たとえ飛行機やバスが汚染をひきおこさず資源を涸渇させない公共サービスとして運行できたとしても、その非人間的な速度は人間生得の移動能力を退化させ、もっと多くの時間を移動に費やすように人間に強いてやまないだろう。

学校は、学ぶことを教育と定義しなおすことによって、学ぶことへの根元的独占を拡張しようとしてきた。人々が現実について教師がくだした定義を受けいれるかぎり、学校の外でものを学んだ人々は公式には〝無教育〟という烙印を捺された。現代の医療は病弱な人々から、医師によって与えられる以外の看護を受ける機会を奪っている。人間生来の能力が大型の道具によって排除されているところではどこでも、根元的独占が成り立つ。根元的独占は消費を強制し、それによって個人の自律性を制限する。その独占は、巨大な制度だけが供給できる標準的な製品の消費を強制することによっておしつけられているのだから、一種特別な社会管理ということができる。

葬儀屋による葬儀の管理をみれば、根元的独占がどのように機能するか、それが文化的に規定された他の行動の形態といかにちがうかということがよくわかる。一世代前のメキシコでは、墓を開くことと死者に祝福を与えることだけが本職、つまり墓掘り人と僧侶の仕事であった。家族に死人が出ればしなければならぬことがいろいろ出て来るが、そのすべては家族内部で片づけることができた。お通夜や葬式やお斎《とき》は争いごとをおさめ、悲しみに捌け口を与え、参会者ひとりひとりに、死を免れぬ宿命と人生の価値を思いださせるのに役立った。こういったことの大部分は儀式的な性格をもち、地域ごとにやりかたは異なってはいるが細心に規定されていたのである。最近になって、主だった都市には葬儀場が設立された。最初のうちは葬儀屋はお客を見つけるのに苦労していた。というのは、大都市においてさえ人々はなお、身内の死者を埋葬するすべを知っていたからである。六〇年代に、葬儀場は新しい共同墓地の管理権を獲得し、柩・教会での儀式執行・遺体の防腐保存を含む一括業務を提供しはじめた。いまや葬儀屋に儀式執行をゆだねることを義務づける立法がなされようとしている。いったん死体をつかまえてしまうと、葬儀演出家は、ちょうど医療が死という行為に対してそうしようとしているように、埋葬に対する根元的独占をうちたてることになろう。

合衆国での健康管理の提供に関するいまはやりの論争は、根元的独占が確固とした地位を占めるに至ったことの明らかな例証である。論争に加わった各政治党派は健康管理を白熱的な公共的争点に仕立てあげ、そのことで健康管理を、政治がたいして関係のない領域へ追い払っている。どの党派も医師・病院・薬局に対してこれまで以上の資金供与を約束する。こういう約束は大多数のものの利益にはならない。それはただ、人が健康を保ったり病気をなおしたり死を忘れようとするときに用いるべき技術的手段を処方してやる、少数の専門家の権力を増大させるのに役立つだけである。資金供与の増額は、公共資源に対する健康産業の支配を強化し、その威信と専制を高めるであろう。少数者の手ににぎられたこういう権力がもたらしうるものは、受苦の増大と自己への信頼の低下でしかないだろう。より多くの金が、避けることのできぬ死を先送りするだけの道具や、たがいに病を癒やしあいたいと思っている人々の公民的権利をよりいっそう縮小させるサービスに投資されることになる。健康専門家の管理のもとでより多くの金が使われるということは、より多くの人が病人という役割、つまり自分で解釈することを許されていない役割を演ずるべく、操作的に条件づけされることを意味する。いったん人々がこういう役割をひきうけると、専門家によって希少と定義された商品のみが、彼らのどんなつまらない必要でさえかなえてくれることになる。

人々は生れながらにして、治療したり、慰めたり、移動したり、学んだり、自分の家を建てたり、死者を葬ったりする能力をもっている。この能力のおのおのが、それぞれひとつの必要《ニーズ》をみたすようにできているのだ。人々が商品には最小限頼るだけで、主として自分でできることに頼るかぎり、そういう必要《ニーズ》をみたすための手段はあり余るほどある。こういう諸活動は、交換価値を与えられたことはかつてなかったけれど、使用価値をもっている。人間が自由にそういう活動を行うことは、労働とはみなされない。

基本的必要が豊富に存在する能力によってはもはやみたされぬように社会環境が変形されると、こういった基本的な満足は希少なものになる。大規模な道具が人々の代りにしてくれる何か〝よりよい〟こととひき換えに、人々が、自分の力とおたがいの力でできることを行う生れつきの能力を放棄するとき、根元的独占が成立する。根元的独占は価値の産業主義的制度化の反映である。それは個人的な対応を、標準的商品のパッケージに置き換える。それは新しい種類のさまざまな希少性と、消費水準によって人々を類別する新しい仕組みを導入する。こういう再定義は価値あるサービスの単価をひきあげ、特権を差別的にわけ与え、資源に近づく権利を制限し、人々を依存的にする。とりわけ、人々から個人的なやりかたで個人的な必要をみたす能力を奪うことで、根元的独占は制度的なサービスの場合とは反対に、個人的なサービスの根元的な希少さをつくりだすのである。

こういう根元的独占に対して、人々は保護を必要としている。消費を強いるのが葬儀屋の私的利益であれ、政府の衛生対策であれ、葬儀屋と、愛する死者のために最善のことをしたいとねがう遺族との自滅的ななれあいであれ、人々にはこういう保護が必要なのだ。たとえ大多数のものが専門家が与えるサービスをいいものだと今は信じこんでいるとしても、こういう保護は必要なのだ。もし根元的独占からの保護の必要が認識されないならば、その独占が多元的に遂行されることで、強いられた無活動と受動性に対する人間の我慢の限度は破れてしまうかも知れない。

何が強制的消費にあたるのかということを決定するのは、必ずしもやさしくはない。学校が維持している独占は、ずる休みのかどで処罰するぞと親や子どもをおどしている法律によって主として成り立っているわけではない。そういう法律は存在する。しかし学校はそれとは別な策略によって、すなわち、学校教育をうけていないものへの差別、学習の手段を教師の管理のもとに集中すること、ベビーシッティングのために指定された財源を師範学校卒業生の俸給にのみあてること、などの策略によって成り立っているのだ。教育や予防接種や延命を強制する法律から保護されることは大切だが、それで十分というわけではない。強制がどのような形をとろうとも、消費の強制によって脅威をうけていると思う人ならどんな人でも、保護を要求できるような手続きがとられねばならないのだ。たえがたい汚染がそうであるように、たえがたい独占というものもあらかじめ定義することはできない。脅威を予測することはできるが、脅威の性質の正確な定義は、生み出されてはならないものは何かということを大衆の参加によってきめることから生じる。

この全般的な独占からの保護は、汚染からの保護とおなじくらいに困難である。

人々は自分自身の私的利害を脅やかす危険には立ち向うだろうが、社会全体を脅やかす危険にはそうしないだろう。車を運転することに反対な人々より、車に反対する人のほうが多い。彼らが車に反対なのは、車が大気を汚染したり道路をひとり占めしたりするからである。彼らが車を運転するのは、一台の車がひきおこす汚染などとるに足りないと思うからであり、また車を走らせているときに自由を奪われていると感じることが個人としてはないからである。社会中に道路や学校や病院がまき散らされてしまっている場合、自立的な行動が長いあいだ麻痺させられた結果、自立的行動能力が萎縮したようになる場合、簡素な代替手段があるのに想像がそれに及ばなくなっているらしい場合、独占から保護されるのはまた困難になる。独占が物理的世界の形状だけでなく、行動と想像力の射程をも凍結させてしまっているとき、独占をとり除くのは難しい。根元的独占はもう遅すぎるときになって気づかれるのがふつうなのである。

商業的独占はそれから利得をうけている少数の人間を犠牲にすれば打ち破られる。ふつう、こういった少数の人間はなんとかうまく統制をのがれようとしているものだ。根元的独占にかかる費用はすでに公衆によって負担されているのであって、根元的独占を維持するためにその費用を払い続けるよりも、独占を終らせるための費用を負担したほうがましだと大衆が悟ったときにのみ、この独占は打破される。しかし、公衆が進歩の幻想よりも自立共生的な社会の潜在的可能性のほうを高く評価するようにならないかぎり、独占を終らせるための対価が支払われることはないだろう。自立《コンヴィ》共生《ヴィアリティ》をたえがたい貧しさと混同する人々によって自発的にその対価が支払われることはありえないだろう。

根元的独占の徴候のいくつか、なかでも、政治体制の如何を問わず最も高度に発展した国々で、産出物よりも欲求不満が急速に増大する度合いに公衆は気づくようになっている。しかしながら、こういう欲求不満をやわらげる政策がとられると、公衆の注意は、独占の根底的な一般的性質からそらされてしまうかもしれない。こういう改革が表面的な弊害をただすのに成功すればするほど、それは私が描き出そうとしている独占を強化するのに役立つことになる。

姑息な緩和策の第一は消費者の保護である。消費者というものは車なしにはやっていけない。彼らはさまざまなメーカーの車を買う。彼らはたいていの車はどんな速度でも危険であることを発見する。そこで彼らは、もっと安全で優秀で耐久性のある車を得るために、またもっと広くて安全な道路をいま以上に得るために結束する。しかし、消費者が車に対していま以上の信頼がおけるようになったとき、その成果は、公共のものであれ個人のものであれ、高出力の乗りものに対して社会をいっそう依存させ、歩く以外にはないあるいは歩くのが好きな人々を、よりいっそう欲求不満におちいらせるだけのことである。

商品中毒者の組織的な自己防衛は、麻薬の純良度と麻薬売人の力を高めることにただちに通じるのだが、一方、それはまたとどのつまりは成長に限界を課すことになるかもしれない。最終的には、車は購入するには高くなりすぎ、薬は試してみるには高価になりすぎるかもしれない。こういう価値の制度化に内在する矛盾を激化させることによって、たいていの人々がよりたやすくその矛盾に気づくようになるだろう。選りわけながらものを購入する習慣をもつ明敏な消費者なら、自分で物事をやったほうがうまくいくということを結局は発見するだろう。

産出物の増大とともに増大する欲求不満を癒やすべく提案されている第二の緩和策は、計画化である。社会主義的な理念をもった社会計画家なら産業労働者が多数派を構成するような社会主義社会をなんとかしてつくりだすことができる、という幻想が一般に信じられている。こういう考えの提唱者は、反自立共生的で操作的な道具は非常に限られた程度ではあっても社会主義社会と折り合っていけるという事実を見過している。いったん政府によって、輸送や教育や医療が費用を無視して提供されるということになると、道徳的な監督官はその使用を強要することができるのだ。消費のしかたが少ない人々は、国民としてのつとめを怠るものとして咎められかねない。市場経済の場合には、床のなかにじっと寝て流感を治そうと思う人には、収入が減るというただそれだけのことによって罰を与えることができる。ところが、中央で決定された生産目標を達成するように〝人民〟に訴える社会では、医療の消費に抵抗することは社会的な反道徳行為となる。根元的独占に対する防衛は、成長に反対する政治的合意が成り立つかどうかにかかっている。そういう合意は、今日政治的反対派によって持ち出されている争点とはまったく反対のものである。というのはそういう争点は、成長を促進しいっそう完璧に不能化された人々により多量のよりよい品物を提供せよという要求に収斂していくからである。

人間をよろこんで受けいれてくれる環境が人間には必要だし、ほんものの活動がすべての人間に必要なのだが、前者の必要を規定しているバランスも、後者の必要を規定しているバランスもともに、いまや限界点に近づいている。それなのに、たいていの人はこの危険にいまなお関心を寄せていない。たいていの人々がこの脅威に盲目であるか、あるいはそれに対処するには無力だと感じているのはなぜなのか、その理由をいまや説明しなければならない。この盲目性は第三のバランス、つまり学ぶことのバランスが傾いたためであり、人々が味わっている不能感は、私が力のバランスと呼ぶものにおけるさらに四番めの転覆の結果であると私は信じている。

3 計画化《プログラミング》の過剰

学ぶことのバランスは、社会における二種類の知識の割合によってきまる。第一の知識は環境に対する人間の創造的な働きかけの成果であり、第二の知識は人工的につくりあげられた環境による人間の〝些末化〟の結果を表わしている。第一の種類の知識は、人々の基本的な相互の関わりあいと、自立共生的な道具の使用とに由来し、第二の種類の知識は、目的をもち計画化された訓練に彼らが従うことの結果として、彼らのものになる。母国語を話すことは第一のやりかたで学ばれるが、一方、第二のやりかたで数学を学ぶ生徒もいる。正気の人間なら誰も、話すことや歩くことや子どもを育てることが主として教育の結果だとはいわないだろう。しかし、数学やバレエや絵画にたんのうなのは、ふつうは教育の結果なのである。

ふつうの生活から学ぶことができるものと、意図的な教育の結果として学ばねばならないものとの関係は、場所と時代により非常にさまざまである。その関係は大いに儀式に依存している。イスラム教徒は誰でも、お祈りを唱える結果としていくらかアラビヤ語をおぼえる。こういう学習は、伝統によって限定された状況のなかでの相互作用から発達する。まったくおなじやりかたで、農民は自分が住む地域の民間伝承を聞きおぼえる。階級とカーストもまた、ものを学ぶための機会を生みだす。金持ちは〝正しい〟テーブルマナーやアクセントを習得しており、こういったものは教えられるものではないと主張する。貧しいものたちは、教育が金持ちたちに生きのびるすべを教えられないような状況のもとで、品位を保ちながら自活して行くことを学ぶ。

独力でどれほど学ぶことができるかということにとって決定的なのは、道具の構造である。すなわち、道具が自立共生的でなければないほど、教えるという行為が助長される。局限された世界に生き、よく統合された部族では、知識はたいていの成員にまったく平等にわけ与えられている。すべてのものが、各人が知っていることの大部分を知っている。文明の水準がもっと高くなると、新しい道具が導入される。より多くのことを知っている人間が以前よりふえるが、知っていることを実行に移すやりかたを、すべてのものが平等によく知っているとは限らない。技術に習熟するということはまだ、理解をひとり占めするという意義を含んではいない。自分が鍛冶屋にならなくても、鍛冶屋の仕事を十分に理解することはできる。食べ物の調理法を知るのにコックになる必要はない。ひろくわけもたれた知識と、それを活用する能力とのこういった結合は、自立共生的な道具が優越する社会の特徴である。使われているいろいろな技術は、職人の仕事ぶりを観察することで容易に理解されるが、発揮される腕前は複雑で、長期間の計画的な徒弟奉公によってしか身につけることはできない。どんどん数が増えていく技能を教えられる機会をわがものにしながら、自発的な学習の範囲が拡がり、自由と訓練とが花開くとき、完全な学習が伸展する。学習のバランスのこういう伸展は永久に続くものではない。それは自分で限度に突きあたるのである。そのバランスを最高度に利用することはできる。だがそれをむりに拡大することはできない。それは、ひとつには人の寿命が限られているからである。さらにひとつには、これもまた動かしえないことなのであるが、道具の専門分化と労働の分業が相互に強化しうるからである。集中と専門化は一定の点をこえると、高度に計画化された操作者と依存者を必要とするようになる。各人が知らなければならぬ事柄のうち、ほかの人間が考察して各人にいやおうなくおしつけてくる事柄に帰せられるべき部分がふえてくる。

都市の子どもはもろもろのシステムによって構成される環境のなかに生れてくるが、そのシステムはその考案者とその依存者とでは異なった意味をもっている。都市の住民は何千というシステムと接触するけれども、そのひとつひとつのほんの外縁にふれるにすぎない。彼はテレビや電話の使いかたは知っているが、テレビや電話の働きは彼には隠されている。一次的な経験による学習といえば、パッケージされた商品のただなかで自分を調整していくことに限られている。彼は自分自身のやりかたをすればますます不安になる。料理や礼儀作法やセックスは、教えこんでもらわねばならぬ事柄となる。学習のバランスは劣化する。つまり〝教育〟のほうに傾いてしまう。人々は自分が教えこまれたことは知っているが、自分のすることからはほとんど何も学ばない。人々は自分たちには〝教育〟が必要なのだと感じるようになる。

なにかものを学ぶということは、こうして商品となる。そしてあらゆる商品と同様に、市場化され希少なものになる。この希少性の性質は教育がとるさまざまな形態によって、高い代価を払って隠されている。教育は、学校によって生産される、パッケージ化された連続的な知識注入の形をとった、将来の人生に対する計画《プログラミング》化された準備でもありうるし、あるいは、メディアの産出物を通しての、また消費財に付記された指示を通しての、現在進行中の生活に関する不断の情報注入でもありうる。そういう説明書はその品物に付けられて、それを読まなければならぬときもある。さらに徹底的に意図的な商品の場合は、形や色やひき起される連想が、その品物がどう使われねばならぬかということに関して使用者に忠告をおこなう。教育はまた、むかし受けた訓練が技術革新によって時代おくれになってしまった労働者に対する定期的な救済措置でもありうる。人々が時代からとり残され、教育によって保証をとり戻すことがたえず必要になるとき、コンピュータの世代が更新されるごとに計理士が再訓練されねばならないとき、そのときこそ学習は実際に希少なものになるのだ。教育は社会において、最も攻撃されやすく最も混乱した争点となる。

　どんなところでも、訓練の直接経費は総産出量よりすみやかに上昇する。この現象はこれまで、ふたつのうちのどちらかひとつのやりかたで解釈されてきた。ひとつの解釈は、教育は社会的目的にとっての手段だときめてかかる。この見地からすれば、知識投入物を通じて人間を資本化することは、高い生産性のための必要条件である。教育部門のとびぬけた成長率は、総生産が停滞に近づきつつあることを意味する。これを避けるためには、教育の費用収益率を増加させる方策が見つけられねばならない。学校は知識資本の生産の合理化をうながす傾向の第一の犠牲者になるだろう。私の考えでは、これは不幸なことである。学校は有害でありまったく非効率的であるけれども、その伝統的な性格は少なくとも生徒の若干の権利を護っている。学校という抑制から自由になった教育屋ははるかに効率的でありうるし、猛烈な調教師となりうるだろう。

第二の解釈は逆の仮定から出発する。この見かたによれば、教育は制度的な成長の最も価値ある産出物である。商品生産、おそらくエネルギー生産さえもが定常状態(10)に移行することは、情報・教育・娯楽といった目に見えぬ商品の生産が爆発的に成長することの先触れであろう。この論法では教育の限界効用もまた低下するわけだが、このことは教育の生産に限界を設定する理由にはならない。幾人かのエコノミストはさらに先へ進む。彼らは生活の質という誤った名のもとに、サービス部門の成長の妨げとなる場合には、製造部門にブレーキをかけたがっている。彼らは、措置をどんどん拡大することがその措置自体をぶちこわす効果をもつことに気づかぬふりをしているのだ。以上のふたつの見かたのいずれにおいても、自立共生的な道具を用いての学習と、操作による学習とが区別されていない。どちらの見かたも、操作的な教育を肥大させ自主的な質問を圧しつぶすことによって、学習のバランスを傾けるのである。教育を生産の手段とするものも、教育を最高に贅沢な生産物とするものも、もっと多くの教育の必要という一点では一致している。彼らは教えることをもっと拡大しようとして、学ぶことのバランスをくつがえすのである。彼らは、現代世界は不可避的に疎遠なものであるので人々の理解をこえており、現代世界を知ることができるのは奥儀を受けたものか門弟だけであるときめこんでいる。

学習が教育に変質したことは、人間の詩的能力、つまり世界に彼個人の意味を与える能力を麻痺させている。人間は、自然を奪われ、彼自身ですることを奪われ、彼が学ぶように他人が計画したことではなく、自分の欲することを学びたいという彼の深い欲求を奪われるならば、ちょうどそのぶんだけ生気を失っていく。自然環境を過剰に統制することは、自然環境を敵対的なものにする。根元的独占は人々を福祉の囚人にする。商品によって圧倒された人間は無能力になり、激怒にかられて人を殺すか、自分が死ぬかのどちらかである。学習のバランスの堕落は人々を道具の操り人形にしてしまう。

詩人や道化はつねに、独断的教義による創造的思考の抑圧に反抗してきた。彼らは隠喩を用いることによって、想像力の欠如をあばく。彼らはユーモアを用いて深刻ぶりのばかばかしさを見せつける。彼らの心からの深い驚きは、確実なものをぐらつかせ、恐怖を消し去り、麻痺を解く。予言者は独断的信条を公然と非難し、迷信をあばき、人々が知力と正気を生かすように仕向ける。詩や直観や理論は、自覚における革命につながる知恵に逆らって独断的教義が進展していることを暗示することができる。政治的行動から、教会と政府および強制的知識を切り離すことによってのみ、学習のバランスは回復することができる。法律はこういう目的のために用いられてきたし、ふたたび用いることもできる。法律は僧侶の大げさな要求から社会をまもってきたし、また教育屋の要求からも社会をまもることができる。学校への出席強制やそのほかの強制的な措置は、宗教的儀式への出席強制に類似している。法律はそれを廃止するこことができる。法律は教育の費用の上昇に対抗するように、また階級社会の再生産に教育を利用することに逆らうように用いることができるのである。

教育の費用の上昇を理解するには、ふたつ事実を認識しなければならない。つまり、まず、自立共生的でない道具はある点まで達するとたえられぬものになる教育上の副作用を生みだすという事実を、ついで、自立共生的でない道具を用いる教育は経済的に実行不可能だという事実を認識しなければならない。第一の認識は、仕事と余暇と政治が学習に好都合で、しかも公教育をより少なくしてもちゃんと機能するような社会の可能性に対して私たちの眼を開かせてくれる。第二の認識は、自分で自由に始められるし自分で対象を選べる学習にとって好都合な、そしてまた、プログラム化された教育を、限定されはっきりと指定された場合だけのものに格下げする教育的配置を私たちが設定できるようにしてくれる。

全世界を通じて、高度に資本化された道具は高度に資本化された人間を必要とする。第二次大戦後、経済発展は〝後進〟地域にも浸透した。地域の産業化は、新奇な道具を操作するだけではなくそれとともに生活するように人々をプログラム化する学校に対する激烈な需要を生みだした。マレーシアやブラジルで学校がたくさん設立された結果、人々は、時間の価値に対する計理士の見かたや、社会的昇進の価値に対する官僚の見かたや、消費増大の価値に対するセールスマンの見かたや、仕事の目的に対する組合指導者の見かたを教えこまれている。人々はこういったことをすべて、教師から教えられるのではなく、学校の構造のなかに秘匿されたカリキュラムから教えこまれるのである。生徒が、カリキュラムによって定められカリキュラムを甘受する能力によって等級づけられている課業を受けるために、年齢別に編成された集まりに何百時間も出席せねばならぬかぎり、教師が教えることの内容は問題ではない。人々は、自分が学級で多くの時間を費やすほど、自分の市場価値が高まるということを教わる。彼らはカリキュラムを段階的に消費することの値打ちを教わる。彼らは、主要な制度が生産するものは何であれ、教育や健康といった目に見えぬものでさえも価値をもつということを学ぶ。彼らは等級的な昇進と受動的な服従を、さらには教師が創造性のしるしだと解釈したがる標準的な不品行をさえも重視するようになる。彼らは毎日の授業を統轄している官僚の気にいるように、統制ある競争をすることを学ぶ。その官僚は人々が教室にいるあいだは先生と呼ばれ、人々が仕事にかかるときはボスと呼ばれるのである。彼は自分を専門的な知識のストックの保有者とみなすようになる。そのストックのために彼らはこれまで自分の時間を投資してきたのだ。彼らは社会における、正確にいうと階級における自分の地位と職業を、彼らが卒業した学校のレベルと学問上の専門分野とにあわせて受けいれる習慣を身につける。

産業主義的な職は、よい学校を出たものがより希少な地位につくように配置されている。希少な職はより生産的と定義される。そこで、学校教育を受けることが少ないものは、新産業によって生産されるより好ましい商品に近づくことを阻まれる。産業的に生産される靴、鞄、衣類、冷凍食品、清涼飲料は、自立共生的に生産されてきた同種の品物を市場から駆逐する。生産がより中央集権化されより資本集約的になるにつれて、税金でまかなわれている学校が行うふるい落としは、そのふるい落としを通り抜けるものにより高い出費を強いるだけではなく、それを通り抜けられないものにも二重の負担を強いる。

教育は人々を職に対して等級づけるためだけではなく、人々を消費の資格をもつように高く等級づけするために必要なものとなる。産業の産出物は増大するにつれて、教育制度に、その産出物を効率的に使用するのに必要な社会管理を行うように強制する。ラテンアメリカ諸国の住宅産業は、建築技師によって生みだされる教育的不経済の適例である。こういった国々の主要都市はすべて、自力で建てられたファベーラ、バリアーダ、あるいはポブラシオン[11]の広大な区域によってとり巻かれている。新しい家屋と諸設備の構成要素が非常に安価に作られ、自分で組み立てられるように設計される可能性はある。人々がより耐久性がありより快適でより衛生的な住宅を建てることができ、新しい素材や新しい工法について学ぶことができる可能性も存在する。しかし、自分自身の環境をかたちづくる人々の能力を支援するかわりに、政府はこういった掘立て小屋の町に、標準的な現代住宅に住む人々のために設計された公共施設を設ける。新しい学校や舗装道路や鋼鉄とガラスでできた駐在所が現れると、専門家によって建てられた家が機能的な単位住宅ということにされ、自分で建てられた家には掘立て小屋という烙印がおされる。法律は建築家が署名した図面を提出できない人々に建築許可を与えないことによって、こういう定義を定着させる。人々は使用価値を生みだす力を自分自身の時間に付与する能力を奪われ、賃金のために働き、自分の稼ぎを産業的に限定された賃貸空間と交換するように強いられる。彼らはまた、家を建てながら学ぶ機会をも奪われる。

産業主義的な社会では、ある人々がトラックを運転する前に、またある人が家を建てる前に、まず教育を受けなければならない。またあるものは、アパートの住みかたを教えられねばならない。教師とソーシャルワーカーと警察官は協力して、賃金の低い人々や定職についていない人々を、自分で建てることも作り変えることも許されない住宅に住まわせる。より多くの人をより少ない土地に収容するために、ヴェネズエラとブラジルは実験的に高層アパートを建ててみた。まず初めに、警察が人々をスラム街から追い出し、彼らをアパートにふたたび定着させねばならなかった。それからソーシャルワーカーが、十一階のバルコニーで豚を飼ってはならないとか、浴槽で豆類を栽培してはならないということを理解できるほどの学校教育を受けなかった入居者に、社会教育をほどこさねばならなかった。

ニューヨークでは、十二年の学校教育を受けていないものは不具者のような扱いをうける。すなわち彼らは雇われないことが多いし、彼らに生きかたをきめてやるソーシャルワーカーによって管理されている。効率過剰的な道具が行使する根元的独占は、依存者に対して金のかかる条件づけをよりいっそうほどこすよう社会に強要する。フォードが生産する車は、訓練を積んだ機械工だけが修理することができる。農業関係の政府機関がつくりだした多収量作物は、金のかかる学校での競争をかちぬいて来た農場管理者の助けをかりてしか栽培できない。よりよい健康、より速いスピード、より多量の収穫の生産は、その受けとり手をよりいっそう訓練することにかかっているのである。こういった疑問点の多い恩恵の実際のコストは、その大部分が、社会的管理を生みだす学校に転嫁されることで、かくされてしまっている。

教育の名のもとに人々をより多くよりよく条件づけしようとする圧力によって、学校は第二の分水嶺をこえた。計画者たちは、計画をいっそう多様で複雑なものにするが、それによって計画の限界効用は低下する。出席の義務づけは拡大され、教師が、街頭での自主的な研究やテオティトラン・デル・ヴァレ[12]の織工に監督される野外実習を出席義務の範囲にふくめるまでになっている。

学校の自負が増大するのと並行して、学校以外の機関が自己の教育的使命を発見した。新聞・テレビ・ラジオはもはや単なるコミュニケーションの媒体ではなくなった。それらは社会化という任務をひき受けさせられた。定期刊行物は発達して、ふさわしいニュースならなんでも載せるようになった。そのことは、少数の職業的ジャーナリストが厖大な読者層を獲得する一方、大多数のものは編集長への手紙欄での名ばかりの参加にとどめられることを意味した。

知識の産業主義的な生産と販売は、自分で勉強を始めるための自立共生的《コンヴィヴィアル》な道具を人々が手に入れる機会を縮小する。書物の運命を見るといい。書物は学習のバランスを大いに拡げたふたつの大発明の産物である。つまりアルファベットと印刷機の産物である。どちらの技術もほとんど理想的に自立共生的である。ほとんどどんな人でもそれを使うようになれるし、また自分自身の目的のためにそうすることができる。それは安価な材料を用いる。それにつくのも離れるのも意のままである。アルファベットと印刷機は、第三者によって容易に管理されることはない。ソビエト政府といえども、反体制的なタイプ打ち文書の地下流通を停止させることはできない。

アルファベットと印刷機は原則として、記録された言葉を専門家の手から解放してきた。商人はアルファベットを用いて、象形文字に対する神官の独占を打ち破った。廉価な紙と鉛筆、のちにはタイプライターとコピー機といったふうに、原則として一組の新しい技術が、非専門的で真に自立共生的な、記録によるコミュニケーションの時代を開いてきた。テープレコーダーとカメラは、十分に相互交渉的なコミュニケーションに新しい媒体をつけ加えた。しかし、諸制度の操作的な性質と、操作を受けいれるようにしつける学校教育が、こういう理想的に自立共生的な道具を、より一方通行的な訓育に奉仕するものにしてしまったのである。学校はたえず改訂される教科書を用いて人々を訓練する。学校は指導書とニュースの読者を生産する。高校を卒業するものの比率はふえているのに、高校卒業生によって購入される非技術系の書籍の一人当りの量は低下している。学校で訓練された専門家のために書かれた本がふえ、自主的な読書は減っている。より多くの人が、新しい校長たちが規定したカリキュラムにつなぎとめられて、より多くの時間をすごす。出版者、プロデューサー、番組ディレクターがその新しい校長だ。毎週人々は『タイム』の出るのを待ちうけている。

図書館でさえも、学校化された世界の構成要素のひとつとなっている。図書館が〝よりよく〟なるにつれて、蔵書は手近な本棚からいっそうひっこめられてしまった。むかしはレファランス係の図書館員が人々と書棚の間に座っていたのだが、いまでは彼はコンピュータにとって替られつつある。蔵書を巨大な書庫にしまいこみ、コンピュータの管理に委ねたので、ニューヨーク公立図書館は機能するのに大変費用がかかるようになり、その結果いまでは平日の十時から六時までしか開館せず、土曜には一部しか開いていない。このことは、図書館の蔵書が、仕事にも学校にも行かず研究補助金で暮している読者の特殊化された道具となっていることを意味する。

最良の場合には、図書館は自立共生的な道具の原型である。図書館以外の学習道具の貯蔵庫も、図書館を手本として組織することができる。そういう貯蔵庫は、テープや絵画やレコードや、十九世紀の主要な躍進の大部分をもたらしたのとおなじ科学用器具でみたされた非常に簡素な実験室を利用しうる機会を拡張する。

操作的な教育道具は学習のコストを高める。私たちはいまは、人々が何を学ばねばならぬかという問を発して、それから人々を教える手段に投資するということをやっているだけだ。私たちはまず、学びたいと欲するならば何が人々に必要なのかという問を発し、それから人々のためにそういう道具を供給するようにしなければならない。人々は学習の手段に手当り次第に近づくことによって、教えこまれる場合よりも多くのことを学ぶだろうという考えを、職業的な教師は嘲笑する。実際彼らは、彼らの懐疑主義の論拠として、図書館利用が低下している事実をしばしば引き合いに出す。彼らは、図書館は威圧的な教育装置として組織されてきたからこそほとんど利用されない、という事実を見過しているのだ。人々が自分たちには教えてもらうことが必要だと要求するように訓練されてきたからといって、図書館が利用されるというものではない。避妊用具が使われないのもおなじ理由からだ。そして私たちが探求せねばならぬのはその類似した理由なのである。

人々は限度内で暮すことを学ばねばならない。このことは教えてもらうわけにはいかない。生き残れるかどうかは、人々が自分たちには何ができないのかということを速やかに学ぶことにかかっている。人々は、無制限に繁殖したり消費したり使用したりするのを慎しむことを学ばねばならない。人々を自発的に貧しさを選ぶように教育したり、人々が自制するように操作したりするのは不可能である。産出は増大させつつコストは低下する幻想を抱かせるように、全面的に構造づけられた世界にありながら、よろこびにみちた禁欲を教えこもうというのは不可能事に属する。

人々は、どういう理由でまたどういう方法で避妊するのかということを学ばねばならない。その理由は明白である。人類は宇宙の片隅で進化してきたのだ。彼の世界は生態圏《エコスフィア》(13)の資源によって限界づけられており、限られた数の人間しか収容できない。科学技術はこういう生態的地位の性質を変形させてきた。生態圏はいまやますます多数の人間を収容しているが、そのひとりひとりが環境に真に適応している度合はいっそう低くなっている。すなわち、平均してみればより少ない空間しかもたず、簡単な道具を用いて生き残る自由は減少し、伝統に根ざすことが少なくなっている。よりよい環境をつくりだそうとする試みは、よりよい健康やよりよい教育やよりよいコミュニケーションをつくりだそうとする試みと同様に、ずうずうしいものであることが明らかになった。その結果、いまや人間がふえ、たいていの人々は世界をわが家としてくつろぐことが少なくなっている。この巨大な人口は新しい技術手段のおかげで生きのびているのである。その代りに、巨大な人口はよりいっそう強力な技術手段の開発に拍車をかけ、それによって根元的独占を強化することを要求する。そしてこんどはこの独占が、教育をますます増強することを要求するのである。ところが皮肉なことに、人々は自分がもっとも学ぶ必要のあることを学ぶように、教えられたり教育されたりするわけにはいかない。もし人々がどうしても限度なしに人口と消費を維持したいと自分から思うのであれば、積極的で責任ある生きかたでそうするようにならねばならない。さもないと彼らは、十分に情報を与えられてはいるが受動的で、欲求不満ではあるが忍従的な状態に陥って滅びることになるだろう。自発的でそれゆえに効果的な人口抑制は、根元的独占と過剰な計画化《プログラミング》のもとでは不可能である。効率的で専門化された産児制限計画は、学校や病院が失敗したのとおなじしかたで失敗するにちがいない。産児制限は人々を効果的にその方向へそそのかそうというむだな意図のもとに始めることもできる。それはその論理からして、強制的な不妊措置と堕胎へエスカレートすることになるだろう。結局それは大量死に理論的根拠を提供するものとなるだろう。

自発的で効果的な避妊は、今日絶対に必要である。こういう避妊がごく近い将来に実施されないなら、人類は道具の支配によってよりもむしろ、人類自身の規模によっておしつぶされてしまう危険がある。しかし、これが普遍的に実行されることがなんらかの奇蹟的な技術手段の結果だというのは、まったくありえないことである。新しい実践は今日とは逆に、人々と道具との新しい関係の結果でしかありえない。効果的な避妊の普遍的な実行は、私が提唱している道具の制限にとって欠かせない前提である。しかし同様に、道具の制限にともなう心理的な逆倒が、効果的な避妊のために欠かせない自立共生的な心理的圧力にとっての前提なのである。

産児制限に必要な工夫は、現代の自立共生的な道具にとっての範例である。その工夫は科学を、しかるべく慎重で習練を積んだ人なら誰でも扱える器具の形に具体化する。それは避妊や不妊措置や中絶を千回も実行する新しいやりかたを提供する。それは廉価なので誰でもどこでも手に入れるようにすることができる。それは性質が互いに異なる仕事や信念や状況に合うように作られている。それは明らかに、各個人が自分自身とのあいだに、また他人とのあいだに身体的関係を構造化する道具である。効果的であるためには、そのいくつかはすべての成人によって使用されねばならず、毎日使用せねばならぬものもたくさんある。産児制限は巨大な事業である。それは十年以内に遂行されねばならない。それは自立共生的なやりかたでのみ遂行することができる。産業主義的かつ専門職的な世界にいっそう効果的に適合するように公教育によって国民を条件づけながら、性質としては自立共生的な道具によって人口を抑制しようとするのはこっけいである。ブラジルの農民が注射や処方については医者に、もめごとの解決については弁護士に、字を読めるようになるためには教師に頼るように教えこまれることを期待しながら、その一方でコンドームを自分で用いるように求めるのはばかげている。だがインドの医者が、文盲だが訓練を積んだ病院補助員に、不妊の施術において自分と競い合うことを許すのを期待するのも、ひとしく空想的だ。不妊手術という慎重を要する介入が、サリーを織ることで注意力や器用さや計画能力を培った素人によって、おなじくらい、あるいはより以上に注意深く遂行されうるということを公衆が悟るならば、医師は、大多数の人々にとって経済的に実現可能なあらゆる介入に対する独占権を失うであろう。いったん真に合理的で脱産業的な道具が手にはいるようになれば、専門職的なタブーと産業主義的道具はともに歩みをとめ、倒壊する。必要充足のあらゆる重要な領域で自立共生的な道具を集中的に使用してこそ、各部門でそれを真に効果的に用いることができる。自立共生的な構造の道具のなかに置かれてのみ、人々は、現代の科学技術が道具に組みこんだ新しいレベルの動力を使用することができるようになる。

4　分極化

今日の道具の構成は社会を、人口と豊かさの水準の両面における成長に駆りたてている。この成長は特権スペクトルの正反対の両端で生じている。特権をもたぬものは数の面で成長するし、一方、既得特権のもちぬしは豊かさの面で成長する。特権をもたぬものはこうして欲求不満を高めるだけの要求を強め、一方富めるものは自分のものときめこんだ権利や必要物を防衛する。餓えと無能感のために、貧しいものは急激な産業化を要求するようになり、増大する贅沢を防衛するために、富めるものはいっそう狂気じみた生産へ駆りたてられる。権力は分極化し、欲求不満は一般化する。そして、より低い豊かさにもとづいてより幸わせになる道を選ぶという別な選択は、社会的視野の盲点におしやられてしまう。

この盲目性は学びのバランスが崩れた結果である。教育に縛りつけられているものは、ほかのあらゆるものの購入者たるべく条件づけられる。彼らは自分の個人的成長を制度の産出物の蓄積のようにみなしており、自分でできることより、制度が作ってくれるもののほうを好む。彼らは自分の知力で真実を発見する能力を抑圧する。学びのバランスが傾いたということが、商品の根元的独占を感知できなくなった理由を説明してくれる。しかしそれは、彼らが感じとっている深刻な失調を調整する能力がないと人々が感じている理由の説明にはならない。

この無力感は第四の崩壊状態、すなわち力の分極化が進行した結果である。肥大する巨大管理機構の圧力によって、権力は少数のものの手に集中され、大多数のものは新聞発表に依存するようになる。溢れんばかりの過剰生産の新しい次元は、この野放しの生産がおしつける商品産出物より急速に成長する。

合衆国人口の標準生活費が三パーセント増加するには、インドの標準生活費の同額の増加の二十五倍のコストがかかる。インドの人口の巨大な規模と急速な増大にもかかわらずそうなのである。貧しいものが利益らしい利益を受けるには、富めるものの使用する生活資源を縮小することが必要だが、富めるものが利益らしい利益を受けるとなれば、貧しいものの生活資源を無惨に奪いとることになる。しかし富めるものは、貧しい国々を収奪して彼らが豊かになると、その結果、すべてのもののために超産業主義的な豊かさが生みだされるかのようなふりをする。貧しい国々のエリートたちはこの夢物語を彼らと共有しているのだ。

きたる十年間に、富めるものはいっそう富裕になり、もっと多くの貧しいものが窮乏に陥ることになろう。しかし、飢餓について苦痛を覚えずにいられないからといって、それによって、破壊的な過剰成長の第四の次元を構成している権力配分の構造上の問題に対する理解が妨げられてはならない。抑制を欠く産業化は貧しさを現代化する。貧しさのレベルは上昇し、しかも富者と貧者の懸隔は拡大する。このふたつの局面は同時に観察されねばならない。でないと、破壊的な分極化の性質を見失うことになろう。

貧しさのレベルが上昇したのは、産業の主要商品が基礎的な生活物資となり、大多数の人々が払える以上の単価をもつようになるからである。諸産業の根元的独占は、品位を落とすような種類の新しい貧しさを、ときには放埒にまでいたる豊かな社会のなかで生みだした。以前の自給自足的な農民は、緑の革命によって家業から追い出される。彼は労務者として稼ぎはふえるけれど、子どもたちに以前のような日常のたべものを与えることはできない。もっと重要なのは、彼の十倍も収入が多い合衆国市民もまた、絶望的に貧しいということだ。両者とも生活の費用はこれまで以上にかかりながら、得るものはますます減少しているのだ。

現代化された貧しさのもうひとつの側面は、以上のことと関連はあるが、一応別個のものである。力の懸隔がひろがるのは、生産に対する管理が最大多数の人々のために最大量の商品をつくることに集中されるからである。貧しさのレベルが上昇するのは産業の産出の構造のせいであるが、力のへだたりが大きく開くのは投入の構造のせいである。同時に後者と対処することなく、前者のみの改善策を追求することは、世界規模の貧しさの現代化を先のばしにし悪化させることにしかならぬだろう。

収入の平等化は、産業主義的に集中された権力の表面的な影響を未然に防ぐことはできる。抜け道のない累進課税だけでは不足なら、社会保護、所得援助、すべてのものに平等な福祉的給付で補うことができる。一定限度をこえた私的資本の没収を試みることもできる。最高額の収入を最低額の収入に近づける措置は、企業の力を支配することで個人が富裕になるのをくいとめる、さらに手ごわい方策である。しかし、こういう個人所得の抑制策は、個人的な消費を規制しなければ効果は期待できないだろう。それは、家庭より勤め口《ジョブ》が重要なものになった社会で実際に意味をもつ特権を平等化するには役に立たない。労働者が自分が表わしている人的資本の量によって等級づけられるかぎり、高度の知識ストックの所有者があらゆる種類の時間節約的な特権の行使を保証されるだろう。こういう少数の手に特権を集中するのは、産業主義的支配の本質なのである。

農業と家畜による耕作の導入によって、家父長制的支配とある程度の力の集中が可能になった。この段階では、たくさんの奴隷の力を一人の人間の支配のもとにおくために、政治的手段を行使することができた。一人の人間が大勢の人間を、彼の企図を実現するための道具に変えることができたのである。宗教とイデオロギーと鞭とが支配の主な手段であった。しかし支配できた力の総量は小さかった。今日正常なものに思える力の集中は、一世紀前でさえ想像もできなかったのである。

現代社会においては、エネルギー変換はすべての人間をあわせた肉体的力能を凌駕している。人力の機械力に対する比率は、中国で一対十五であり、アメリカでは一対三百である。スイッチは鞭がなしえたよりずっと効果的に、この力に対する管理をひとところに集中する。動力の投入に対する管理権の社会的な分配は、根本的に変えられてしまった。資本が効果的な変化を生み出す力を意味しているとしても、力のインフレーションはすでに大部分の人々を貧民にひきさげてしまったのである。

道具が大きなものになるにつれて、操作する能力をもつものの数は減少する。クレーンを操作できるものは手押し一輪車を動かせるものよりつねに少ない。道具が効率的になるにつれて、希少な資源のより多くがその操り手の自由になる。グヮテマラの建設現場では、技師だけが自分のトレーラーに空調設備をつけている。彼はまた、自分の時間が貴重だとみなされているので、首都へ行くにも飛行機でなければならない唯一の人間であり、彼の下す決定は重要と思われているので、その決定が短波送信機で送られる唯一の人間である。もちろん彼は、税金から最大額をひとり占めし、それを用いて学位を取得することによって、彼の特権を手に入れたのである。隊列を組んで働くインディオは、自分とスペイン語のわかる現場監督とのあいだに存在する特権の相対的な差の増大に気づくことはないが、学校へ行くことは行ったが卒業はしなかった測量士や製図工は、これまでなかった鋭敏なしかたで、自分の一族からの嫉妬と疎隔を感じとっている。彼らの相対的な貧しさは、効率を上げよという上役の要求によって悪化させられている。

以前は、道具が今日のような力能にまで近づいたことは一度もなかった。道具が少数のエリートの思うままになるように統合されたことも一度もなかった。王侯といえども、行政幹部や会社重役が生産増大のための奉仕を求めるときのように、さしたる抵抗を受けることもなく王権神授説を主張できたわけではなかった。ロシヤ国民は、自国の科学者の時間を節約してくれるというので、超音速輸送機関を正当化している。高速輸送、広い周波帯のコミュニケーション、特殊専門化された健康維持、無制限の官僚主義的援助はすべて、最も高度に資本化された人々を最大限に活用するための必要条件として説明される。

巨大な道具で装備された社会は、大多数のものがもっとも高価な特権のひとそろえを要求することをふせぐ多種多様の装置に頼らねばならない。こういう特権のひとそろえはもっとも生産的な個人たちのためにとっておかねばならないのだ。ある人の生産性を計るもっとも権威あるやりかたは、その人の教育消費を値段札で表示することである。ある人の知識資本が大きければ大きいほど、彼が〝くだす（make）〟決定の社会的価値が大きいし、産業的産出物のレベルの高いひとそろえを請求する権利もいっそう正当なものになる。

教育による資格証明の正当性が崩れる場合は、きまってほかのもっと原始的な形式の差別が、あらためて重要にみえてくる。第三世界に生れたとか、黒人だとか、女であるとか、よくない集団や党派に属しているとか、正式の一連のテストに合格していないという理由で、人々は労働力として価値が少ないと判定される。そういう状況を背景として少数者運動が増加しているが、それぞれの運動は自分の分け前を要求しており、自分自身の意図によって裏をかかれる運命にある。

様々な階層制度が、より少数でより大きい企業体にひろがるにつれてそびえたち、複合化しなければならない。社会的にぬきんでた職務につくことは、膨脹する産業のもっとも切望され競りあわれる産物である。学歴がないことは、性や肌の色や特殊な宗派と重なって、たいていの人々を低い地位におしとどめている。女性や黒人や宗教的非正統派によって組織される少数派はせいぜい、メンバーのうちのいくらかが学校を出て高くつく職業につくようにすることに成功するだけである。同一職務に対して同一賃銀を獲得すると、彼らは勝利を宣言する。皮肉なことにこういう運動は、不平等に等級づけられた仕事は必要であり、高くそそりたつ階層制は平等主義的な社会が要求するものを生産するのに必要であるという考えを強化する。それなりの学校教育を受けると、黒人のボーイは自分が黒人弁護士でないことについて自分を責めるようになる。同時に学校教育は、結局は社会的ダイナマイトとして作用することになる、新しい強度の欲求不満をひきおこすのである。

少数派の求めるものが消費における平等な分け前や、生産のピラミッドにおける平等な地位や、支配できるはずもない道具の名目的な支配における平等な権能であるかぎり、彼らの組織が今日求めている目的が何かということは重要ではない。少数派が成長志向の社会内での自分の取り分をふやすために行動するかぎり、その最終的結果は成員の大部分がより鋭い劣等感を味わうことにしかなるまい。

現行の諸制度に対する管理権を求める運動は制度にあらためて正当性を付与し、さらにまた制度の矛盾をいっそう激化する。管理における変化は革命ではない。労働者や婦人、あるいは黒人や若者が管理権を分けもったとしても、彼らが管理すべく要求している対象が産業主義的法人組織体であるかぎり、社会を再構築することにはならない。そういう変化はせいぜい、産業主義的生産様式を管理する新たな方式でしかない。産業主義的生産様式はこういう変更のおかげでその根底を問われぬままに存続する。よりふつうには、こういう変化は現状に対する専門職の反乱である。それは管理を拡大し、さらにはそれよりも速い速度で労働の地位をひきさげる。管理職のために新しく机が設けられるということは通常、ある企業で生産がより資本集約的になることであり、いわゆる半失業状態を社会のどこかほかのところで生みだすことである。大多数のものは生産能力をいっそう喪失し、少数のものは自らの特権を防衛するための新たな理由づけと武器を探し求める。

低消費者と半失業者という新しい階級は、産業主義的進歩の避けがたい副産物のひとつである。団結することによって彼らは自分たちに共通な苦境に気づくようになる。今日、はっきりとものが言えるようになった少数派は、多数派のもつリーダーシップをよこせとしばしば要求しつつ、平等な処遇を求めている。いつの日か彼らが、平等な賃金よりも平等な仕事を、産出の平等よりも投入の平等を求めるようになるならば、彼らは社会の再構築のかなめとなることができるのに。たとえばあらゆる人々が差別なしに平等な仕事を行うという要求に到達するような、強力な女性運動が存在するとしたら、産業主義社会はとうていそれに抵抗できないはずなのだ。女性はあらゆる階級と人種から成り立っている。彼女らの日常の仕事の大部分は、非産業主義的なやりかたでなされている。産業化になじまない日常の仕事を行うために彼女らが存在しているからこそ、産業主義的社会は存続できるのだ。北米大陸が北米の女性を産業になじまない雑多な家事に使用しなくなることを想像するよりも、南米の低産業化を収奪するのをやめることを想像するほうが、よっぽどやさしい。産業主義的な効率という基準によって支配されている社会では、家事労働は非人間的で価値の低いものにされてしまう。形式だけの産業的地位があてがわれるならば、家事労働はいま以上にたえがたいものになる。もしも女性たちが私たちに、ただひとつの生産様式が支配的になれば社会はもはや存続しえないということをいやおうなく認めさせれば、これ以上の産業の拡大は停止させられるはずなのだ。存続可能な社会であればどんな社会にだって、二つとはいわずいくつかの、ひとしく価値があり威信がありかつ重要な生産様式が共存しているべきだという、有効な認識がえられるならば、産業の拡大を抑制することは難事ではなかろう。もしも女性が、いまは男によって不法に占有されている巨大で膨張的な道具に対する平等な権利を要求するかわりに、あらゆる人々にとって平等に創造的な仕事を獲得するなら、成長はストップするであろうのに。

5 廃用化

自立共生的《コンヴィヴィアル》な再構築のためには、今日の産業の独占を崩さねばならないが、すべての産業的生産が廃されねばならぬわけではない。それは労働集約的な道具の採用ということを含んではいるが、非効率的な道具への退行という意味を含んではいない。それは今日のあらゆる種類の強制的な療法《セラピー》のかなりの縮小を要求するが、それを受けることに個人が人格的責任をとる授業や指導や治療《ヒーリング》を除去することを求めるものではない。また自立共生的な社会は停滞的であるわけでもない。その活力は効果的な変化をもたらす力能を広く分配することにかかっている。今日の大規模な廃用化の図式においては、意志決定を行うごく少数の企業の中枢が全社会に強制的な技術革新を課している。継続的な自立共生的な再構築は、効果的で小規模な更新を通して自らの生活のスタイルを選択する個人と地域社会の能力を、社会がどの程度保護するかにかかっている。

私は社会の分極化がふたつの相補的な要因、すなわち、産業主義的に生産され広告される生産物の度をこしたコストと、高度に生産的とみなされる仕事の度をこした希少さの産物であることを明らかにした。

他方、廃用化は価値の切り下げを生みだす。その価値切り下げは、変化の一般的な速さが一定に達することの結果ではなくて、根元的独占を行使するような生産物に生じる変化の結果なのである。社会的分極化は、産業主義的な産出と投入が非常に大きな単位のかたちをとっているので、たいていの人々がそれから排除されるという事実によるものである。ところが廃用化は、人々が市場から直接締めだされていない場合でもたえがたいものになりうる。製品が巧緻なものになることと、時代遅れとして廃用されることとは、過剰効率性のふたつの異なった次元であって、そのどちらも、階層化された特権からなる社会を下支えしているのである。

強制的な廃用化が旧式のモデルや旧式の機能を破壊するものであるかどうか、フォードが五五年型車のスペア部品の供給を中止するかどうか、安全ロビイストが基準として設定した特徴をそなえていないという理由で、警察が古い型の車を道路から締めだすかどうかは、現実には重要ではない。新規更新は、進歩のイデオロギーと組になった産業主義的生産様式に本来そなわったものである。巨大な機械が設備更新されなければ、しかも技術者がその言葉に与えたような意味でそうされねば、製品の改善は不可能である。この設備更新がひきあうようにするには、巨大な市場が新製品のために創出されねばならない。市場を開拓するもっとも効果的な方法は、新しいものを使うことが重要な特権なのだという考えかたを確立することである。もしこういう考えかたの確立に成功すれば、旧式な製品はお払い箱にすることができるし、消費者の私益は、終りがなくつねに進行する消費というイデオロギーと一致することができる。何年たてばその人が使用する商品リストが時代遅れになるかというその年数に従って、各個人の社会的等級がきまる。最新型の製品を購入するジョーンズ家と張りあっていける人もいるだろうし、一方、五年から十年時代遅れの車やストーヴやラジオをまだ使っている人もいるわけだ。そういう人はおそらく休暇を過すのも、おなじく五年ないし十年流行遅れの場所でということになるのだ。人々は自分が社会的階梯のどこにふさわしいか知っているというわけである。

使用する品物の古さによって個人の社会的地位がきまるというのは、資本主義だけの慣行というわけではない。基本商品の洗練されたひとそろえと時代遅れのひとそろえの大規模な生産をめぐって経済が組み立てられているところではどこでも、最新型のサービスと商品に近づけるのは特権階級だけなのである。麻酔に関する看護業務の最新の講習を受けられるのは限られた看護師だけだし、〝人民車〟の新型が手に入るのは限られた団体役員だけだ。この少数者中の少数者は、自分たちが使っている製品の市場に現れた日付の新しさによって、仲間どうしを見分けるのである。彼らがそういう新製品を家庭で用いるかそれとも職場で用いるかは、たいした違いではない。

産業主義的な技術革新は高いものにつくので、管理者たちはそれにかかる高いコストを正当化するために、その優越性を数値的に証明してくれるものをつくりださぬわけにはいかない。産業主義的社会主義の支配のもとでは、擬似科学がアリバイを提出せねばならないし、一方、市場経済においては、消費者の意見調査の必要が訴えられることもある。そのどちらの場合においても、商品と道具における定期的な技術革新は、新しいものはなんであれよりよいものと証明されるはずだという信仰をはぐくむのである。この信仰は、現代の世界観の欠くべからざる一部をなしている。この場合忘却されているのは、社会がこういった妄想によって存続しているときはいつでも、市場化された商品のそれぞれが、それを満たしうる以上の欠如感をひきおこすという事実である。もし新しいものが、新しいものはよりよいものだという理由で作られるのならば、たいていの人々が用いる品物は、あまりよいものではないということになる。新型製品はたえず貧しさをよみがえらせる。そういう新製品の消費者は、自分が現にもっているものと、自分がほんとうは手に入れるべきものとのずれを感じる。彼は、製品というものは目に見えてより価値あるものにすることができるし、自分には、製品を消費するためにたえず教育しなおされる余裕もあるのだと信じている。〝よりよいもの〟は基本的な規範概念として、〝現によいもの〟にとって替るのである。

よりよいものを求める競争に巻きこまれた社会では、変化に対して限界を課すことは脅威的経験とみなされる。どんな代償を払おうがよりよいものを求めるという行きかたに染まってしまうと、いくら代償を払おうとよきものはありえないものになる。商品リストを一新できなければ、これこれのことが可能なはずだという期待感がくじかれて欲求不満が生じるが、一方、商品リストを幸いに一新できたとしても、そのことによって、達成されるはずのない進歩への期待感が強化されるだけである。人々が現に持っているものも、これから持とうとしているものも、彼の癪の種である点ではひとしいのだ。変化を加速することは、一種の中毒の域に達するとともにたえがたいものになっている。こういうところまで来ると、安定と変化と伝統のバランスがひっくり返ってしまう。社会は共有する記憶の根っこを断たれるとともに、新しいものの導入に対してとるべき態度を見失ってしまう。先例にもとづいて判断をくだすことは、価値のないことになってしまう。

静止状態の経済に対する主な反対理由のひとつは、限定されかつ耐久性のある品目からなる商品の生産が、技術革新と科学探求の自由にたえがたい制限を課すのではないかという不安である。仮に私が、今日の産業主義社会から次にきたるべき社会のモデル、つまり環境を汚染せず限界を課された商品生産と、サービス部門での無制限な成長を両備したようなモデルへの移行を論じているのならば、そういう反論はもっともであろう。しかしながら私が論じているのは、産業主義社会がどういう社会へ進化すべきかということではなくて、新しい混合的な生産様式への移行なのである。

産業主義的な技術革新は計画の産物であり、些末的で保守的なものである。自立《コンヴィ》共生的《ヴィアル》な道具の回復は、それを用いる人間たちと同様、予測できないものであり、創造的で生き生きとしたものなのだ。科学の進歩は、研究と産業発展とを今日のように同一視することによってもまた鈍化される。研究のコストは大部分、その競争的な性格と圧力に由来している。科学の道具の大部分は、利益と力能のプリズムを通して世界を眺めるように注意深く計画的に育成されて来た人々に、使用が制限されているのである。科学の目標の大部分は、より以上の力能と効率を求める要求によって設定されている。現実にとらわれないゆったりとした科学研究ということは、高性能サイクロトロンとか高速遠心分離機とちゃんと両立するのである。学校が今日作りだしている科学道具に近づく権利の制限が撤廃されれば、正統的教育を受けたものではなくて、探究心に富むものたちが錬金術師の地下室にはいれるようになるだろう。そして、研究それ自身のための研究が、生産上の障害をとり除く方法ととりくむチームによる研究よりも、多くの思いもかけぬ成果を生みだすことだろう。

変化のない社会というものを仮定すれば、それはたしかに変化してやまない今日の社会と同様、人々にはたえがたいものであろう。しかし、自立共生的な再構築が求めるのは、強制的な変化の速度に制限を設けることなのである。無制限な速度の変化は、法に支えられた共同社会《コミュニティ》というものを無意味化する。法というものは、ふつうに起り、そして再度起りそうな状況に関する社会成員の回顧的な判断にもとづいている。すべての状況を左右するような変化の速度が一定の点をこえて加速されるならば、そういう判断は妥当性を失う。法に支えられた社会は崩壊する。社会の管理は住民の参加を容れる余地がなくなり、専門家の果す機能と化す。教育者が、人はどのように訓練されるべきか、また生涯を通して再訓練されるべきかを定める。つまり人々は、産業の要求にかない、産業の利益に魅せられるようになるまでかたちづくられ、さらにかたちづくり直される。イデオローグが正しいことと正しくないことを定義する。社会環境が一定の速度をこえて変化するとき、社会環境にあわせて人間を道具化することが主要な産業となる。人間の言語と法に対する、記憶と神話に対する希求が、道具の変化に対して制限を課すのはそのときなのである。

6　欲求不満

私は、道具の効率化が生活のバランスをくつがえすことができる五つの領域を確認した。欠陥のある科学技術は環境を人の住めないものにすることができる。根元的独占は豊かさへの要求を、仕事をする能力を麻痺させるところまで駆りたてることができる。過剰な計画化《プログラミング》は世界を、人々がそこでたえず教化され社会化され正常化され試験され改良される治療棟に変形させることができる。制度的に産出された価値の中央集中とパッケージ化は、とり返しのつかぬ構造化された専制にむけて社会を分極化することができる。そして最後に、計画的な廃用化は、お手本となりうる過去への架け橋をすべて切り落とすことができる。こういった次元のどれかひとつ、あるいはいくつかにおいて、道具は、自分たちの環境という偉大な諸次元のひとつと行動において関わることを、たいていの人にできなくさせることによって、生存を脅やかすことができる。

社会を査定するにあたって、これらの領域のひとつだけを基準として選んだのでは十分ではない。こういう諸均衡のそれぞれが保たれねばならぬのだ。きれいな電力が平等に分配されたとしても、それは人間の個人的な力能に対する動力道具のたえがたい根元的独占をもたらすものとなりうる。学びのバランスを突き崩したり、社会を抑圧的な業績重視制度に分極化したりするのに用いることができるのは、義務制の学校だけではない。広く普及した教育的媒体もまたそのように用いられるのだ。どんな形態をとろうと、工学的な発想はたえがたい廃用化につながる。人間の自然における地位が危うくされているというのはその通りである。だが、人間はある特別な生理的環境のなかで進化してきたのとおなじく、社会的・政治的・心理的環境のなかで進化してきたのだ。社会的・政治的・心理的環境だってとり返しのつかぬほど破壊されることがある。人類はスモッグによって窒息させられる可能性があるのとちょうど同様に、言語・法・神話といった基本構造を奪われたために衰弱し滅亡させられる可能性があるのだ。未来社会の衝撃は、根元的独占や社会分極化とおなじく人間性を破壊しうるのである。

私は五つの領域のどれにおいても、昂進する不均衡を認識するのに、概念化された基準を用いることができると主張してきた。こういった基準は、科学技術主義的な社会に生きるものが、道具がそのうちにとどまるべき本質的限界を考え出す政治的過程にとって、ガイドラインの役目を果す。こういう諸限界は、人々の管理のもとにおくことができる力能の構造がどんな種類のものか、くっきりと描き出してくれるのである。この範囲をこえて成長するとき、道具は政治的管理の手にあまるものになる。自分が発言権をもたない過程に屈従させられるとき、自分の権利を主張する人間的権利は消滅する。生物的機能、仕事、意味づけ、自由、根をおろすことなどは、そういうものをまだ享受できているとしての話だが、制度からいただく認可にまで縮小されてしまう。その制度の認可というものは道具の論理を最大限に活かすものなのである。人間は企業国家の限りなく従順な人的資源になりおおせる。本質的な限界が憲法的規定として設定されないかぎり、人間的品位を保った生存と自由は圧しつぶされてしまう。

今日の研究は圧倒的にふたつの方向に集中している。よりよい商品のよりよい生産の進展をめざす研究や開発と、よりいっそう消費を行うように人を保護することに関する一般的システム分析である。これからの研究はそれとは逆の方向へ向うべきだ。それを管理にたち向う研究《カウンタフォイル・リサーチ》と呼ぶことにしよう。管理にたち向う研究にもまた主な課題がふたつある。道具の殺人的な論理を初期段階で見破るための指針を提供することと、生活のバランスを最適なものにし、それによってあらゆる人びとのための自由を最大にする道具と道具体系を案出することである。

管理にたち向う研究は科学の新部門ではないし、学際的な研究計画といったものでもない。それは人間と道具との関係を次元的に分析するものである。各人がいくつかの同心円的な社会環境のなかで生活しているのは、明白なことに思える。それぞれの社会環境には、一組の自然な規模が対応している。このことは一次集団についても、生産単位についても、都市・国家・地上の人間の組織についても妥当する。こういう社会環境のそれぞれには、一定の特有な距離・周期・人口・エネルギー源・廃エネルギー処理機構が対応している。対応する自然な規模の程度を大きくうわまわる期間や空間やエネルギーを要求する道具は、こういう次元のそれぞれにおいて、非機能的である。そういう道具は特定の環境を存続可能ならしめる恒常性《ホメオスタシス》をくつがえす。今日では、私たちは人間としての必要を抽象的な目標の用語で定義しがちであり、またそういう必要を、テクノクラートが次々と大がかりなものにする対策があてはまる問題として扱いがちである。私たちが必要としているのは、他者の同様な願望を挫くことなしに自らの願望を果すために、具体的な地域社会がその範囲なら科学技術を用いてよろしいという諸次元を、理性的に探求することである。

それをこえれば破滅が迫ってくるという関門は、その範囲内なら社会が道具をらくらくと抑制する境界とは性質を異にしている。前者は生存の可能な領域を確定するものであるし、後者は文化的に望ましい環境の形態を決定するものである。前者は統一のとれた統制が成り立つ条件を明らかにするものだし、後者は自立共生的な公正が成り立つ条件を明らかにするものである。破滅の境界を定めることは、産業主義のあとにくる社会すべてに共通な本質的必要条件である。絶対必要な境界線より幅の小さい境界線を設定するという法令の特性は、成員が自分たちの生活スタイルと自由の水準を規定した結果として、公益の見地でなされた共同選択の産物である。

環境を保護するために超音速輸送をなくし、社会的分極化を避けるために航空便をなくし、根元的独占に対して防衛するために車をなくすというのは、やってできないことではあるまい。しかし、ここで私が強調したく思っている目的のバランスは、望ましい道具を選ぶためのさらに進んだ基準を提供するものである。このバランスの観点に立てば、高速の公共輸送機関をなくすことさえ、ありえないことではないのだ。

成長がまだ生活の破壊に向ってはいないが、道具をそれ特有の目的に敵対するものにする機能不全の一形態が存在する。言いかえれば、道具には最適な範囲、たえられる範囲、マイナスに働く範囲というものがある。たえられる程度の過剰効率性もまたバランスをかきみだすけれども、そのバランスは先に論じたバランスよりずっと微妙でずっと主観的な種類のものなのだ。ここで脅やかされているバランスは、個人的なコストと見返りのバランスである。それはより一般的には、手段と目的のバランスへの感覚と表現することができる。目的がそのために選ばれた道具に迎合するようになるとき、使用するものはまず欲求不満をおぼえ、結局はそれを使うのをやめるか、そうでなければ気がおかしくなってしまう。古代ギリシャでは、よみの国で狂気の振舞いを強いることが、瀆神に対してとっておかれる究極の刑罰とみなされていた。シジフォスは石を丘の上まで転がして運びあげるように強いられたが、その結果は石が丘から転がり落ちるのを見るだけだった。気の狂うような行動も社会の標準となれば、人々はそのように振舞う権利を求めて競り合うようになる。羨望が人々を盲目にし、中毒的常習を求めての競りあいに駆りたてるのである。

どんなタイプの車輛であれ、通勤用の車輛の最大速度が一定の時速をこえたところではどこでも、平均的な通勤者の車に乗っている時間と通勤のためのコストが増大する。通勤システムのどの箇所においてであろうが最大速度が一定の時速をこえると、大部分の人々は渋滞に巻きこまれたり、接続を待ったり、事故の修復を待ったりするのに、余儀なくこれまで以上の時間を費やさねばならない。彼らはまた、利用を強いられている輸送システムの料金を支払うのに、これまで以上の時間を使わねばならないようになるだろう。

臨界速度はある程度まで、地勢、文化、市場管理、技術水準、マネー・フローなどの様々な要因によってきまる。非常に多くの変数が量に影響しているので、臨界速度の評価は非常に広い範囲で変動しうるようにみえるかもしれない。だが、ほんとうはその逆なのだ。私たちの論じているのが、ある地域社会《コミュニティ》内で人々を輸送するさいのあらゆる車輌速度であることがいったん理解されると、臨界速度が変動しうる幅は非常に狭くなる。実際、それはありそうにもないと思えるほど、またたいていの交通技術者が時間をかけて思いわずらう値打ちがないと思えるほど、狭くて低いのである。

通勤者輸送がそのシステムのどこであろうと自転車が達しうる速度を大きくこえた速度を許容すると、それはマイナスの見返りをもたらす。そのシステムのどこかで自転車の速度の関門がいったん突破されると、交通産業のために費やされる一人当りの月間時間の総計が増加する。

高い産出は時間の欠乏をもたらす。時間が希少なものになるのは、ひとつには、商品を消費したり治療《セラピー》を受けたりするのに時間を喰うからであり、またひとつには、生産に依存しているために高い産出を自制することが高くつくからである。私たちは消費者社会で富裕になればなるほど、余暇と労働の両面でいかに多くの価値の等級をよじのぼってきたかということを、いっそう鋭く意識するようになる。ピラミッドに高くのぼるほど私たちは、ただたんに何もせずのんびりしていることや、明らかに非生産的な目的追求に時間を投げ棄てることができにくくなる。近所の鳴鳥を聴くよろこびは、「世界の鳥の歌」と銘打ったステレオ録音のレコードによってたやすくくもらされてしまうし、公園での散歩はパッケージ化されたジャングルへのバードウォッチング・ツアーの予行演習にまでたやすく格下げされてしまう。あらゆる社会的関与が長期間にわたるものになるとき、時間を節約することはむずかしくなる。スタファン・リンダーは、われわれには未来に過剰に深入りする強い傾向があって、そのために、未来が現在となると、鋭い欠乏感にしじゅう悩まされているようだ、それもただわれわれが一日二十四時間ではなく三十時間ほども自分を縛りつけているからだ、と指摘している。豊かな社会においては時間には人を競わせる使い途と高い限界効用があるという単純な事実に加えて、こういう過剰な自己拘束は重圧感と被害感を生みだす。

高速輸送があたりまえとみなされている社会での暮しは、このようなふたとおりのしかたで時間を希少なものにする。ある社会において多数の人々が高速の乗りものの利用と関連して行う諸活動は、その乗りものの速度が一定点をこえて増加するにつれて、その社会の大部分の成員の時間の使いかたのうち、ますます多くの割合を占めるようになる。この点をこえると、輸送活動は輸送以外の活動と激しく競合するようになる。とりわけ限られた不動産と利用可能なエネルギーの配分をめぐる競争が激化する。この競争は速度の上昇とともに指数関数的に増大するように思われる。通勤にあてられる時間が、仕事の時間にとって替るし、余暇の時間にもとって替る。それゆえに、乗りものが速くなればなるほど、それをいつも満員にしておくことがますます大切になる。乗りものが個人用のカプセルであれば、釣り合いがとれぬほど高価で希少なものになりがちである。それが公共輸送機関であれば、巨大化し、運行間隔がひらくか、わずかな路線しか走らなくなりがちである。

速度がますにつれて、生活のパターンを乗りものに合わせる動きはいっそう専制的になる。これまでよりいっそう短い時間の割り振りに、たえず修正と改正を行うことが必要になってくる。数か月前、いや数年前に予約や取り決めをすることが必要になる。こういう取り決めのいくつかは高い費用を払ってなされたものの、守ることは不可能なので、たえざる緊張を生みだす挫折感がたえず存在することになる。計画化《プログラミング》に服従する人間の能力は限られたものでしかない。速度が一定の点をこえて増大すると、輸送システムは他のシステムと競りあって、社会的管理に対する人間の忍耐をすり減らしてしまう。

機械はその力が最初の五つの基準によって斥けられるレベルよりずっと低いレベルにある場合でも、人間に歯向うものになる。しかし、この五つの基準が生命と自由のために必要な安全装置を確認するものであるのに対して、目的のバランスはまた別な種類の価値に依存している。力能を憲法の上で限界づけるために設けることができる基準は、経験的なものよりむしろ概念的なものである。どんな悪習をなんらかの少数のものから受けつぐつもりなのか、子孫をどんな打撃にさらしたくないかということを多数のものが決めるのは、比較的やさしいことであるはずだ。道具のもっとも社会的に望ましい力能に関する認識はそれとは性質が異なっている。それは政治的手続きの成果以外の何ものでもない。高速輸送に浪費された時間とひきかえに得られる価値についての判断は、どの程度の自由のレベルを自分たちの文明の具体的な選択としてえらぶかという、地域社会での合意に左右される。

自転車の速度をこえる輸送は環境から動力エネルギーをとりたてる。速度は直接、動力といい換えられる。そして動力に対する欲求はすぐに指数関数的に増加するのである。合衆国では変換されたエネルギーの二二パーセントが乗りものを動かすのに使われ、さらに一〇パーセントが道路を車のために空けておくために用いられる。そのエネルギー量は、インドと中国をあわせた経済に必要とされる（ただし家庭用暖房は除いた）全エネルギー量に匹敵する。自転車以上の速度を出すようにつくられた乗りものを動かすというたったひとつの目的のために、合衆国で使い果されるエネルギーは、自転車で移動したいとは思っているものの、病気だったり歳をとっていたりするために、あるいは重い荷物を運びたかったり長距離を移動したかったりするために、あるいはたんに楽をしたいために、ペダルを踏もうとしないあるいは踏めない世界中の人々のために、約二十倍もの乗りものに補助モーターをつけるのに十分なはずだ。世界規模の平等な分配にもとづいてのみ、自転車が達する以上の速度を排除することができよう。平等主義者の合意がこういう提案を受けいれるほど強固だときめこむのは、むろん幻想である。けれどももっと綿密に調べてみれば、機動性の平等な分配に必要なこの速度制限が、地域社会の生活に最大限の価値を与える最適速度にきわめて近いことに気づく地域社会は、けっして少なくはなかろう。時速二十マイルという一定速度でならば、フィリアス・フォッグ(14)は八十日の半分で世界一周旅行をなしとげられたはずであった。自立共生的な動力道具を用いて最適度の自由を実現しようとする想像力にとんだ政策を探究するには、シミュレーション研究が役立つだろう。速度を時速十マイルに制限すればカルカッタの交通の流れは安定するだろうが、それは誰の利益になるのか。国民の移動速度を時速二十マイルに制限すれば、ペルーの軍隊はどれだけの代償を支払うことになるのか。ほかのあらゆる乗りものを自転車や帆船の速度に制限すれば、平等、活力、健康、自由にどんな得があるだろうか。

マイナスの見返りは輸送にだけ特有なものではない。末期的な病気にかかっている患者に対するすべての医療的な世話の九〇パーセントは、病人の健康に無関心である。こういった処置は苦痛と無力さをつのらせがちで、病人の命を延ばしているという明らかな証拠もない。ひとりの患者に対する最適な世話を提供できる最大の可能性は、一定の範囲内にしかない。この範囲をこえれば、GNPが国民の富をはかる尺度となるのとおなじように、医療の勘定書きが患者の健康をはかる尺度となる。両者とも同程度に利益の市場価値と、それぞれの生産の望ましくない副次効果を相殺するのに必要な防御的支出とがつけ加わる。医療を技術至上的に昂進させていけば、まず治療に役立たなくなるし、ついで延命のはたらきもなくなる。そういう昂進は末期治療という死を拒む儀式に至りつく。それは機械に最もうまく適合させられた人格が最もめざましい演技に精出す最終レースなのである。

管理にたちむかう研究はまず、増大する限界非効用と成長が与える脅威の分析に関わる。ついで、自立共生的《コンヴィヴィアル》な生産を最大限に活用する制度的構造の一般システムの発見に関わる。この種の研究は心理的な抵抗に出会う。成長は中毒性をおびてしまった。ヘロイン中毒のように、成長の習慣は基本的な価値判断を歪めるのである。どんな種類の麻薬常習者も、減っていく満足を量をふやすことでとり返そうとするものだ。彼らは限界非効用をどんどん拡大するのが気にならなくなる。彼らは上りっぱなしの賭金めあてに勝負することに夢中なので、欲求不満が深まって行くのに気がつかぬのである。輸送は移動に費やされる時間と労力を縮小するよりも高速の運動を提供すべきだという考えに慣れた心性は、これとは反対の仮説にたじろいでしまう。人間は生れながら移動できるようになっているのであって、彼が足を使って達しうるのよりも速い速度は社会的に非常に貴重なものであり、公衆の犠牲的な支えを正当化するということが明らかにされねばならない。

管理にたちむかう研究は人々の道具に対する関係を明らかにし、劇的に叙述するものでなければならない。それは公衆の目の前に、使用可能な資源と様々なしかたでそれを使った場合の結果とをつねに掲げるべきである。そういう研究は、生活が依存しているバランスの主なひとつに脅威を与えるような動向が現れるときには、それがどんなものであれ公衆に印象づけるべきである。管理にたちむかう研究はこういう動向からもっともじかに傷つけられている諸階級を確認するものであるし、人々が自分をそういう階級の一員として自覚するのに役立つ。それはある特定の自由がどのように危機にさらされているかということを、その他の点ではあい容れぬ利害をもつ様々な集団の成員に対して指摘する。管理にたちむかう研究は、いかなる集団または同盟の自由に対する要求も、あらゆる集団または同盟の暗黙の利害と一致することを明らかにすることによって、公衆全体を包みこむ。

成長への偏執から脱却するのは苦痛であろうけれども、それもたいていは、移行を経験せねばならぬ世代の成員、とりわけ消費によってもっとも無能化されている人々にとってのことである。もし彼らの苦境が生き生きと記憶されるなら、それは次の世代が、自分たちを奴隷化するとわかっているものを避けるうえで役立つかもしれない。

Ⅳ　回復

私は生活のバランスが依存している五つの次元についてこれまで論じてきた。そのそれぞれにおいて私は、人間の生活を成り立たせている恒常性《ホメオスタシス》を維持するためには平衡状態に保たねばならぬ諸傾向があることを指摘した。自然を利用することが自然を人間に役立たぬものにしない場合にのみ、自然力の支配は機能的であると私は主張した。また私は、人間が自分でできることと、非人格的な制度に使われる道具が人々のためにしてやれることとの微妙なバランスを助長するとき、制度は機能的であると主張した。公教育もまたバランスに依存している。特殊な仕掛けが自発的な学習のための機会より重要ということはけっしてあってはならない。社会的流動性の増加は社会をより人間的なものにすることができるが、そうできるのは、同時に少数者を多数者からわかつ権勢の差を縮める場合だけである。最後に、革新の速度が速まることは、革新とともに伝統への根づきや意味の充実や安全もまた強められる場合にのみ価値がある。

道具は人間の手を逃れて成長する能力をもっている。まず彼の主人となり、ついには彼の死刑執行人となる。道具は人間が予想するより速やかに人間を支配する。たとえば、鋤のおかげで人間は庭園の主人となれるのだが、鋤を使うことがなければ彼が乾燥地帯から逃げ出す必要もまたなかったのだ。父親よりも生活に適さない子どもが、より子どもにふむきな世界に生れて来るようにするのが、自然の復讐のしかたなのだ。工作人《ホモ・ファーベル》なるものは魔法使いの弟子(15)になりはてることだってある。専門化は彼の日常を複雑にし、彼の活動から疎遠なものにする力をもっている。進歩への惑溺は誰もゴールに着いたことのないレースにすべての人間を縛りつける力をもっているのだ。

道具が成長するのにはふたつの領域がある。ひとつは、その域内なら機械が人間の能力を拡大するために使われる領域であり、ひとつは、そこでは機械が人間の機能を縮小しふるいにかけ置き換えてしまうために使われる領域である。第一の領域では、個人としての人間は自分自身のために権威を行使することができ、それゆえに責任をとることができる。第二の領域では機械が人間のあとをおそう。すなわちまず、操作者と依存者の双方において選択と動機の範囲を縮小し、ついで機械自身の論理と要求を操作者と依存者双方に強制する。私たちが生き残れるかどうかはごくふつうの人々に、そういうふたつの領域があることを認識して自由を保ちつつ生き残ることを選ぶのを許すような、さらに、その構造ゆえに破壊的であるような道具と制度を排除し有用な道具と制度を制御できるために、道具と制度に内蔵された構造を正しく評価することを許すような、そういう手続きをうちたてることにかかっている。たちの悪い道具を排除し、目的にかなう道具を制御することは、今日の政治にとって二大優先事項である。過剰効率性に対する多元的な制限は、単純明快で政治的に効果のある言葉で表現されねばならない。しかしながら、この緊急の課題は三つの手ごわい障害に直面している。すなわち、科学への偶像崇拝、ふつうの言葉の不純化、社会的意志決定がなされる公的過程への敬意の喪失である。

1　科学の非神話化

とりわけ政治的な議論は科学についての妄想によって頭がふらふらになっている。科学という言葉は人間的活動というより制度的事業を、個々人の予想もつかぬほど創造的な活動というより与えられた謎解きを意味するものになってしまった。科学は今日、ちょうど医療がよりよい健康を生産するように、よりよい知識を生産する幽霊のような生産機関を表示するのに用いられている。知識の性質に関するこういう誤解がひきおこす損害は、健康・教育・移動といった諸概念を制度的な産出物と同一視することによってひきおこされるそれらに関連した損害よりも、基本的でさえある。よりよい健康へのまちがった期待は社会を堕落させるけれども、それはある特定の意味に限ってのことである。それは健康的な環境、健康な生活スタイル、隣近所の人々の世話を自分でみる能力に対する関心を低下させる。健康に関する欺瞞は付随的なことがらである。知識の制度化はより一般的で退廃的な妄想をもたらす。それは人々を、自分たちの代りに知識を生産してもらうことに頼るようにしむける。それは結局は道徳的・政治的想像力を麻痺させてしまうのである。

こういう認識上の混乱は、個々の市民の知識は科学の〝知識〟より価値が低いという錯覚にもとづいている。前者は個人の見解である。それは主観的なものにすぎず、政策からは排除される。後者は〝客観的〟である。つまり科学によって定義され、専門的なスポークスマンによって流布されたものである。この客観的な知識は、洗練することができ、たえず改善することができ、蓄積して今日いうところの〝意志決定〟過程に喰わせてやることのできる必需商品とみなされている。知識ストックの操作による統治というこの新しい神話は、政治に対する人々の信頼を腐蝕させずにはおかない。

世界はいかなる情報も含んではいない。それはあるがままの姿でそこにある。世界についての情報は、有機体の世界との相互交渉を通じて、有機体のなかにつくりだされるものだ。人体の外部での情報保管について語ることは、意味論的なわなに落ちることになる。本やコンピュータは世界の一部なのだ。読まれたり操作されたりしてはじめて、それは情報をもたらす。情報となりうるものの伝達手段と情報それ自体とをとり違えるならば、私たちは学習と認識の問題を私たちの知的視野の盲点にぴったりと押しこんでしまうことになる。私たちが決定をくだすためのデータと決定それ自体をとり違える場合にも、おなじことが起る。

〝よりよい知識〟への過剰信頼は予言の自己成就をもたらす。人々はまず自分の判断に頼ることをやめ、ついで自分たちの知っていることが真実かどうか教えてもらいたがる。〝よりよい意志決定〟への過剰信頼はまず、人々の自分で決定をくだす能力を狂わせ、ついで、自分たちは決定をくだせるのだという彼らの信念を掘り崩してしまう。

人々が自分で決定をくだす能力をどんどん失っていくことは、彼らの期待の構造に影響を与える。人々は希少な資源を争いあうものから、ありあまるほどの約束にあずかろうと競いあうものに変形される。世俗的儀式への依存が神盟裁判による判決にとって替る。こういう儀式は、カリキュラム、介入的療法《セラピー》、裁判などというメニューの提供物を気狂いのように消費するという形で組織されている。科学はその人の客観的に証明された業績に従って、すべてのものにまたひとりひとりに豊かさを与えるだろうという約束は、人間どうしの対立葛藤から創造的な合法性を奪う。自分で得た証拠にもとづいて自分の権利について決定をくだすやりかたを学んでいない人々は、超科学技術機構《メガマシーン》によって操られる世界ゲームの歩駒《ふ》になってしまう。もはや各人は社会の絶えざる更新に自分なりに貢献することができなくなる。科学によって生産されるよりよい知識に頼りきると、本人による決定から、進行する歴史的社会的過程に寄与する力が奪われるだけではなく、経験が伝統的に共有されていく手段としての証拠法が破壊される。知識の消費者はパッケージ化されたプログラムが自分に注入されるのを当てにする。自分の隣人や上司がおなじ番組を見、おなじコラムを読んでいるものと期待して、彼は安堵を覚えるのだ。個人の確信を正直に述べあう手続きは、個別科学や専門職や政党が生みだす特別に資格づけられた知識にますます頼ることによって腐蝕される。母親たちは広告業者や医学博士の忠告にもとづいて子どもをだめにする。法廷や議会でさえ、科学的なまた聞きが専門家の証言というベールのかげにかくれて、法律的・政治的決定を偏らせるのである。裁判官も政府も有権者も、資源の希少さがはっきりしておりしかも永続的である状況のなかで対立を解決していく必要があるという証拠を自分でもっているのに、それを放棄して、明らかに十分理解できるわけでもないデータにもとづいて、いま以上の経済成長を選択するのである。

科学に対する過剰信頼が甚だしくなると、地域社会は成長に上限を設定することを専門家に任せっ放しにする。こういう委託は謬見にもとづいている。専門家は人々の不平があまりにも強まるようなレベルよりちょっと下のところに規準を定めることはできよう。彼らは公衆を陰鬱に黙りこくらせて、暴動を未然に回避することもできよう。しかし、彼ら閉鎖的な同僚集団に、自分たちの知識を推進していくことを自制するように任せることはできない。また彼らがふつうの人間を代表することを期待することもできない。科学的専門知識は人が我慢するであろう物事を規定することはできないのだ。これを規定する権利を放棄することは何びとにもできない。もちろん人間について実験を行うことは可能だ。ナチスの医者は人体が何にたえられるか探究した。彼らは、どれくらいのあいだ平均的な人間が拷問にたえて生きのびられるか明らかにしたけれども、このことはある人が何にたえられるかについて、彼らに何も教えてはくれなかった。この医者たちはニュールンベルクで調印された法令によって有罪判決を受けたが、それはヒロシマの二日あと、長崎に爆弾が投下される前日のことであった。

　地域全住民が何をたえ忍ぶかという問題は実験の及ばぬことであり続けている。牢獄や遠征や実験などの極端な状況下で、特殊な人間集団に何が起るかということはわかっている。こういう先例は、社会に役立つためにつくられた道具や規則の結果として社会が許容するだろう不自由を計る尺度にはならない。科学的計測は一定のいとなみが生活の主要なバランスを脅やかすことを示唆してくれるかもしれない。だが、個人と社会の目標を制限するやりかたをきめることができるのは、日常に得られる証拠というはるかに複雑な基盤に立って行為する思慮深い大衆が、十分な情報にもとづいてくだす判断だけなのだ。科学は宇宙における人間の領域の大きさを明確にすることはできる。だが、政治的共同体のみが、その成員がその下で暮していく屋根の寸法を対話のなかで選ぶことができるのだ。

2 言葉の再発見

一八三〇年から一八五〇年のあいだに、十二人ばかりの発明家がエネルギー保存の法則を定式化した。彼らの多くは技師であり、おたがい独立に、宇宙の流動する生命力を機械の遂行しうる仕事という観点から再定義したのである。実験室で可能な測定法が、数世紀にわたって活力《ヴィス・ヴィヴァ》と呼ばれていた神秘な宇宙の連鎖をそれ以後定義することのできる尺度となった。

おなじ時期に、工業ははじめて他の生産様式との競争に勝利した。工業の達成したものが、全経済における人間活動の有効性を計る尺度となった。家事、農作業、手工芸、それに保存食作りから家の手作りに至る自給自足的活動が、生産の補助的なあるいは二流の形態とみなされるようになった。工業的様式は社会に共存していた生産的な諸関係の連鎖をまずは格下げし、ついで麻痺させたのである。

このようにひとつの生産様式があらゆる社会関係をその独占下におくということは、そのことを蔽い隠している会社間の競争よりはるかに重大なことである。表面的な競争においては、勝利者を、より資本集約的工場とか、よりうまく組織された事業とか、より収奪的でよりよく保護された産業部門とか、不経済を目立たぬように外部にたれ流したり、戦争のための生産をしている企業と認めるのはむずかしいことではない。大きな規模になると、このレースは多国籍企業間、産業化を進める国民国家間の競争のかたちをとる。しかし、巨人どうしのこの命がけのゲームは、ゲーム自体が参加者に提供する儀式から注意をそらすものだ。競争の舞台が拡がるにつれて、同一の産業主義的構造が世界化した社会に強制される。企業的生産様式は資源と道具に対してだけでなく、人々の想像力と動機づけの構造に対しても根元的独占をうちたてるのだ。政治システムはそれが自分の手に余るものだということを認識もせずに、同一の膨張的産業主義構造に洗礼をほどこして正反対の信条にひきいれようと競い合っている。社会の深層構造のレベルに対する企業法人の独占が行きつく一点は、人間の産業化と呼ぶことができよう。もし人々が自由でありたいのなら、この潮流は逆転されねばならない。しかし、言葉自体が産業主義的に堕落させられたことが、この論点をおそろしく定式化しにくくしているのである。

　言葉には、産業主義的生産様式の知覚と動機に対する独占が反映している。産業主義的な国民の言語は、創造的な仕事や人間的な労働の成果を産業の産出物と同一視する。西洋の言語には意識の物質化が映し出されている。学校は〝教育を！〟というスローガンで動くのだが、ふつうの言葉は子どもは何を〝学ぶ〟のかと尋ねるものなのである。動詞から名詞への機能的転換は、それに対応する社会的想像力の貧困化をくっきりと浮びあがらせる。名詞優先的な言語を話す人々は、習慣的に彼らがもっている仕事に対する所有関係を表現する。ラテンアメリカではどこでも、労働者であろうが官僚であろうが給料を得ている被雇傭者だけが、自分たちは仕事をもっているという。農夫は自分たちは仕事をするという。すなわち「彼ら《バン》は仕《ア》事をしに《トラバハール》行く《ペロ》が《ノ》仕事は《ティーネン》もたない《トラバーホ》」というわけだ。近代化され組合化された人々は、産業がより多くの商品のみならず、より多くの人々により多くの仕事を生みだしてくれるものと期待している。たんに人間がすることだけでなく、人間が欲するものをも指し示すのが名詞なのだ。住宅《ハウジング》という言葉は活動よりむしろ商品を指している。人々は知識や移動力を獲得するのだし、感受性や健康ですら獲得する。彼らは仕事や楽しみをもつだけでなく、性すらももつのである。

この動詞から名詞への転換は、所有権の観念における変化を映し出すものなのだ。〝所有すること（possessing）〟〝保有すること（holding）〟〝獲得すること（seizing）〟という言葉はもはや、人々が学校やハイウェイのシステムといった法人的組織体に対してもつことのできる関係をいい表わしていない。道具についての所有を表わすいいかたは、道具の産出物や資本が生む利子や商品一般を支配する能力とか、道具の操作と結びつくなんらかの威信を意味するようになる。完全に産業主義化された人間は自分の所有するものを、たいてい、自分のために作られたものとみなす。彼は学校や車やショービジネスや医者から得る商品について、「私の教育」「私の移動」「私の娯楽」

「私の健康」といった言いかたをする。西洋の言語とりわけ英語は、産業主義的生産とほとんど切り離せないものになっている。西洋人は所有関係が自立共生的《コンヴィヴィアル》なやりかたで再建しうることを、ほかの諸言語から学ばねばならぬのかもしれない。たとえばミクロネシアの言語には、私の行為（それはもはや私から切り離されえない）に対して、私の鼻（それは切り落とすことができる）に対して、私の親族（彼らは私の厄介になることだってある）に対して、私のカヌー（それがなくては私は完全な男ではありえない）に対して、飲みもの（それを私はあなたに供する）に対して、またそれとおなじ飲みもの（それを私は飲むつもりなのだ）に対して私がもつ関係をいい表わす、まったくちがう仕組みが存在する。

言語がこういう転換をこうむった社会では、ものごとの属性は商品の言葉で述べられ、権利は希少な資源を求める競争の言葉で述べられるようになる。「私は学びたい」という言いかたは「私は教育を受けたい」と言いかえられる。なにかするという決定は、学校化というギャンブルで賭金をせしめることに変る。「私は歩きたい」は「私は輸送機関を必要とする」というふうに言いなおされる。前者では主語は自分自身が行為するものであることを示し、後者では主語は自分自身が消費するものであることを示している。言葉の変化が産業の舞台の拡大を支えた。制度化された価値を求める競争は、名詞的言語の使用に反映している。この取り分を求めての競争はいやおうなしにゲームのかたちをとる。人々は自分たちが名詞のかたちで知覚したものを求めて賭博者のように振舞う。もちろんそういう競争は、一方が得れば一方は失うゼロサムゲームとしてお膳立てされるか、それとも、一方が敗けたとしても両方とも失ったもの以上を得るノンゼロサムゲームとしてお膳立てされるふたつの可能性がある。義務制の学校はゼロサムゲームの一例と解釈できるだろう。つまり存在するのは勝者と敗者だけなのである。というのは、定義からして、学校によって特権を授けられるものは、学校からおとしめられるものより少ないからである。ノンゼロサムゲームの見本は個人的輸送から公共的輸送への移行だろう。少なくともさしあたりは、より多くの通勤者が行きたいところはどこへでもより速く行けるのである。

対立は希少な商品をめぐる競争である必要はない。対立が、自律的行為に対する抑圧を解除する最上の条件をめぐっての意見の不一致である場合だってあるのだ。対立の結果、新しい自由の創造がもたらされることがある。ただしこの可能性は名詞優先的な言語によってあいまいにされてきたのだ。対立はなにかをする権利、定義からして商品でもなければ希少でもない事柄をする権利を、その双方に対して生みだす。歩く権利や、社会の形成に参加する権利や、平等に話したり意思疎通したりする権利や、きれいな空気のなかで暮す権利や、自立共生的な道具を使う権利をもたらす対立は、対立する両者からある程度の豊かさを奪いとるだろうが、それはそれと同じ標準では計れない利得、つまり新しい自由のためなのである。

いくつかの国々では、言語の堕落は、商品を要求する権利と自立共生的な道具をもつ権利との違いがわからなくなるほど、政治的想像力をかたわにしてしまった。道具に対する限界設定を公けに論じることは不可能というありさまだ。公衆が切迫した論点に対して盲目なのは今始まったことではない。たとえば、人々は何十年ものあいだ、人口制限の緊急性に対して目を開くことを拒んできたのである。自由と自立共生《コンヴィヴィアリティ》のために道具に限界を設定するというのは、いまなお提起することのできない論点なのだ。重要な選挙の争点として輸送機関の速度制限を掲げるのは、富んだものには考えられもしない思いつきであり、貧しいものには筋違いの思いつきであるらしい。ハイウェイが現れたあとで生れた人々は速度を欠いた世界は想像できないし、アンデス山地の農夫はなぜそんなに速く移動せねばならぬか理解しかねる。良質な輸送機関の条件として速度を落とすことをあげると、人々はショックを受ける。よき結婚のならわしの条件として性についてもっと率直かつ自由に振舞うことをすすめたりしたら、一世代前にはわいせつに聞えたであろうが、今日、道具に対する限界設定をすすめればそれとおなじくらいひどく冒瀆的に受けとられるのである。

産業主義的な道具の操作規則は日常の言葉のなかに侵入し、人間の詩的自己証明を辛うじて許される片隅での抗議にまでおしさげている。その結果生じる人間の産業主義化を逆転するには、新しい意識水準とともに、言葉の自立共生的《コンヴィヴィアル》な働きをとり戻すしかない。共同社会の形成に参加する各人の権利を要求し主張する一国民によって使われる言葉は、人々と工学的に設計された技術的手段の関係を明らかにするいわば二次的な道具となる。

3　法的手続きの回復

無限拡大的な生産主義社会を支えることは、政治と法律の既成構造の圧倒的に優越する目的になってしまった。人々がなされるべきことは何かを決定する手続きは、法人的組織体はより多く生産すべきだ、より多くの知識や意志決定を、より多くの商品やサービスを生産すべきだというイデオロギーに迎合するものになりきっている。この倒錯は、限界づけられた社会の必要性を現実の社会過程に転化するうえでの第三の障害となるものである。

政党や立法府や司法機関は一貫して、産業の成長はもちろんのこと、学校・組合・病院・道路体系の成長を促進し保護するために使われてきた。警察だけでなく法廷や司法制度そのものまでもがしだいに、産業主義的国家に奉仕するために設けられた道具とみなされるようになっている。彼らが産業の要求からときには個人をまもることが、よりいっそうの権力集中の合法化に彼らが常習的に奉仕しているという事実を覆いかくすアリバイになっている。科学的方法の偶像化と言葉の劣化にかてて加えて、政治的・法的過程に対する信頼がこのようにますます喪われていくことが、社会を道具的に再建することへの主な障害なのである。

かわりに選ぶべき社会は澄明な言語を用いることによって実現可能となるということを、人々は理解するようになっている。かわりに選ぶべき社会は、社会で意志決定がなされる深層構造に対する自覚を人々がとり戻すことによって実現される。そういう構造は人々が共同体を形成しているところではどこでも存在する。同一の過程から正反対の決定が生れることもある。というのは、意志決定の構造は人格的な価値を明示するのにも、制度的な行動を支えるのにも用いられるからである。だが、こういう対立する結果が生れるということは、その対立のもととなる一貫した構造があるということと矛盾するものではない。人々が自分でなにかを学んだほうがいいと決めていたとしても、そのあとで学校で教育を受ける決心をすることはありうる。人々が家で死のうと決めていたとしても、病院へ連れていってもらうことはありうる。認識の不一致が討論による推論の基礎であるように、対立する基準を同時に受けいれることが規範的な手続きの存在を証明しているのだ。

共有された手続きがあるということへの公衆の信頼は、この手続きがたえず悪用されるものだから揺らいでしまった。それらの手続きは、ときによって道徳的な性格をおびたり、政治的な性格をおびたり、法的な性格をおびたりする議論を一点に収斂させることによって、限界のない生産を支える道具に化してしまった。キリスト教会は温順、博愛、禁欲を説くくせに産業主義的な計画に資金を出す。社会主義者はスターリン主義的生産様式を強いるし、慣習法も個人より企業に味方するものになっている。

今日の主要な制度の向きを変えるにはどうすればいいかを決定しうる公的な手続きに、共通に深く関わっているのだという自覚を、人々が新たにすることがなければ、まもなく、道具の成長のためになすべきことを重要な局面ごとに決めるのに、コンピュータが用いられるようになるだろう。

社会の諸道具を制御するのに、絶え間なく自立共生的《コンヴィヴィアル》にしかも効果的に用いることのできる方法について人々が一致することがなければ、今日の制度的構造の逆倒は実行もできないし、さらに重要なことに、やっとのことで維持することもできない。管理者はつねに制度的生産性を増大させるために再び出現し、公衆の心をとらえて彼らが約束するよりよいサービスを支持するようにしむけるだろう。

法律を社会転換の道具とするように提案すればいつでも、三つの異論が提出されるのがふつうだ。そのひとつはかなり浅薄なもので、誰でもが法律家になれるわけではないとか、誰でもが法律を自分で扱えるわけではないというのである。こういう言い分はもちろん、ほんのちょっともっともらしいだけである。特定の地域社会で司法制度に準ずるものが設けられ、全体的構造に組みこまれるというのは、ありえないことではない。調停・和解・仲裁といった素人のより広汎な参加活動を可能にするために、今とは別なありうべき機構に、ずっと広い活動の余地を与えることができるはずだ。だが仮にこの異論が妥当だとしても、私の論点には関係がない。法律というものは、大規模な生産機関の規制を扱うにつれて、まちがいなく非集権化され非神話化され非官僚制化されることができる。しかしそのときでさえ、社会的利害関係のうちのあるものは複雑で広範囲にわたるし、また長期間そうであり続けるだろうから、それ相応の法的な道具が必要になる。正確にいうと、それ自身数世紀にわたる伝統をもった大規模な共同社会間で、世界規模の禁止事項の交渉に使うつもりならば、そういう利害関係の調整を可能ならしめる手立てとしての法律は、それを扱う若干の専門家を必要とする道具であるし、またそうであり続けるだろう。しかし、だからといって、そういう専門家が法学院《ロー・スクール》の卒業生でなければならぬとか、閉鎖的な専門職の一員でなければならぬということにはならない。

第二の異論はまったく適切ではるかに深い。今日社会的道具としての法律を操っている人々は成長社会にいきわたった神話に深く冒されているというのだ。ありうること、実現可能なことに関する彼らの想像力は、産業にまつわる伝説によって決定されている。功利主義社会の社会工学者の現在の一団に自立共生的な社会の守護者たるべく期待するのはばかげたことだ。この見かたの批評的重要性は三つめの異論によって補強され強調される。法律体系とは単なる成文法の組み合わせではない。それはそういう法律が作成されそして現実の状況に適用される継続的な過程なのだ。法律はすべての関与者に一定の心的傾向を強いるように用いられる。法律の内容は結局、法律作成者と裁判官のイデオロギーを体現している。ある文化に内在するイデオロギーを彼らが経験的に受けとったその受けとりかたが、彼らが作成し適用する法律のなかにこめられた神話となるのだ。ある産業主義社会を規制する法典は、そのイデオロギーと社会的性格と階級構造を反映し強化しないわけにはいかない。〝より多く〟というのがつねに公益にかなうのだ——企業、専門職集団、政党へのより多くの権力が。

この異論は社会の逆倒に法律の力を借りることとの基本的な難点を指摘はしているものの、論点を逸していることに変りはない。法典と、それを作りだす純粋に形式としての構造とを私は慎重に区別する。同様に私は、私たちの制度がそれによって作動するところのスローガンの効用と、ふつうの言葉の効用とを区別してきたのだし、この先では政策と形式としての政治過程とを区別するつもりなのだ。私たちが必要とし、共有することができ、用いねばならない二次的な道具は、前者ではなく後者なのである。

目的が作業過程にひきさげられてしまった時代、人々が意識を〝高め〟、運動が〝解散〟をもたらすふりをし、人々ではなくて言語が〝話す〟のだといわれ、政治屋どもが革命を〝起す〟時代にあっては、手段と目的との区別はいくら強調してもしたりないくらいだ。実質的内容と、いわゆる〝適法手続き《デュー・プロセス》〟(16)ではなくむしろ〝適切な《デュー・》手続き《プロシジャー》〟と呼んでよいものとの一般的区別をはっきりさせるのに、法律はふたたび役立つことができるのである。

慣習法のふたつの主な相互補足的な特徴のために、慣習法の形式上の構造は深刻な危機のさいに生じる必要にとくにうまくあてはまっている。そのひとつはそのシステムに本来そなわっている連続性であり、もうひとつはその当事者的な性格である。似たような特徴はほかの法体系にもみられる。私のより一般的な論点をわかりやすく説明するために、ここで英米法の体系の例をとろう。

法律制定過程に内蔵されている連続性は法典の内容をある意味で保存するように働く。このことは立法府の段階になるとややあいまいになる。立法府の議員たちは憲法の枠内にとどまるかぎり、自分たちの裁量にもとづいて自由に法律を改廃できる。だが彼らもまた、どんな新法であれそれを既存の法律の文脈にあわせねばならないのであって、そのために、新しい立法が現行法の包括的伝統から大きく逸脱しないことが保証されるようになる。

法廷の場合、法律の内容に連続性を与える働きはもっと明白である。法廷は現行法を現実の状況に適用する。似たような事件には似たような判決がくだる。そうでないときは、事実が今日では異なった意義をもっているのである。法は現在の紛争に対して過去がふるう至上の権威、つまり弁証過程の連続性を代表している。法廷は紛争を社会的利害関係とみなし、その解決法を法典に組みこむ。その過程で、過去の社会的経験が今日の必要に再適用されるのである。今日の判決はこんどは将来の判例として役立つ。

この過程に用いられる形式上の構造が連続していることは、一組の偏見が一組の法律のなかにたえず具現されていることとは、種類のちがう事柄である。こういう形式的な意味あいからすると、連続性のシステムは、どんなものであれ一組の現行法の内容を維持しようとして考案されているわけではない。それは、逆倒された社会に適合する一組の法律の、とぎれることのない発展を維持するために用いることさえできるのである。たいていの憲法には、生産性や特権や専門職的独占や効率性に上限を設定する法律が通過するのを妨げるような規定は存在しない。立法府と法廷の現行の手順からすると、焦点のあてかたを変えれば、そういう法律を制定して適用することは原則として可能なのだ。

慣習法の当事者的な性格はひとしく重要である。慣習法は形式上は、何が倫理的にあるいは技術的によいものなのかということには関わらない。それは現実には対立として現象する相互依存性を理解するための道具なのだ。慣習法は、自分たちの権利を守ることを主張したり、自分たちがよいことと思う事柄に対する権利を追求したりすることは、社会的利害に直接関わる人々に任せる。これは立法と法体系の両方でいえることである。慣習法における判決は、理論の上では万人にとって最善のやりかたで、対立する利害のバランスをとる行為なのだ。

この二、三世代のあいだに、こういったバランスが生産志向社会に有利なようにすっかり歪められてしまったのは明白だ。しかし、法的構造が今日のように誤用されているからといって、そのことを、まさに正反対の目的に法的構造を活用することへの反論とするのは妥当ではない。そういう社会に全面的に反対で、成長によって不公正を克服できるという幻想を免れており、限界設定に関心を寄せるような立場に立つものは、原則としてまさにその法的構造という道具を活用することができる。新しいタイプの原告が出現するだけではむろん十分ではない。立法府の議員たちの成長幻想が薄れることや、当事者たちが今のところ事実とみなされているものの見直しにおいて、自分たちの利害を代表するようになることが、同様に必要なのだ。

立法手続きだけでなく裁判手続きもまた、利害関係の当事者が中立的な裁判所の裁定を求めて、対立する社会的利害を提出することにかかっている。こういう裁判所の働きは連続的である。判事は、調停を期待されている争点の内容に利害関係をもたないふつうの分別ある男女と、手続きの適用に熟達した人で構成されるのが理想だ。しかし実際には、裁判所もまた権力の集中と産業主義的生産に奉仕するようになっている。立法府の議員たちとおなじく判事が、バランスを法人組織体の全体的利益になるように傾けるときに対立はもっとも釣り合いがとれると了解しているだけではない。社会もまた原告たちを、つねにより多くのものを要求するように条件づけしているのだ。自分で何かをするという個人の自由を制限する制度から身をまもるということよりも、制度の産出物の分け前をより大きくするということが、要求の実質をなしている場合がはるかに多い。しかし、慣習法の形式上の構造がこのように悪用されているからといって、それによってその構造そのものが腐敗させられているわけではない。

当事者的な手続きが産業主義的成長に対抗する主要な道具として提案された場合、ある異論が出されることがよくある。社会はすでにそういう訴訟手続きにすっかり頼っている。その手続きを新しい領域に拡張することもたえず推賞されている。法に頼る改革者には、黒人・インディアン・婦人・被雇傭者・身体障害者など、あらゆる弱い立場の階級に新しい武器を提供する傾向がある。その結果、訴訟手続きは煩雑で費用のかかるものになり、ごく少数の当事者しかそれに応じられない。判決はおくれがちで、その結果適切さが失われてしまう。役割演技が奨励され、そのことが人為的な諸集団のあいだに新たな緊張を生みだす。当事者的手続きが用いられる構造がわざわざつくりだされると、判決は希少なものになるわけだ。

この異論が大衆どうしの対立の解決に当事者的訴訟手続きが濫用されることに反対しているのであれば、それはまったく適切な異論だ。しかし、個人どうしの対立も、集団どうしの競争も私たちの論点の実質をなすものではない。社会における基本的な対立は、人々がそれにもとづいて法人的組織体に対立している行為、事実、事物に関するものである。当事者的手続きという形式は、自分たちの基本的な諸権利に対する産業の脅威に市民たちが対抗するための模範的な道具なのだ。これは法が平等ならしめている二人の対抗者の対立に適した手続きであって、その手続きにおいて、被害を受けた側の当事者はある事実とか関連ある法律や原則とかを論じることに関心を抱き、またこの争点を自分が他者と共有する唯一の永続的な利害とみなすのである。社会を道具の面で再構築することに関心のある市民の集団ならば、折衝とか和解ではなく、産業主義的生産様式とそれが特定の場合不必要に拡大するのに直接反対することに関与するものなのだ。

ふつうの人が使う英語と同様に、手続きの形式は自立共生的《コンヴィヴィアル》な道具なのである。産業主義的諸制度は疑いもなく、個人や地域社会によるこのような諸道具の習慣的な使用能力を堕落させることでおのれの地位を築いてきたのだ。それでも言語と手続きの形式は、それが使われる目的とはもともと異なるものとしてあり続けている。人々は言語と法的手続きとを本来的に自分たちのものとして擁護することができる。人々は言語と法的手続きの固有の性格のうちに、自分たちが子どもの頃そのために言語と法的手続きを用いるように教えられた内容とはまったく反対の内容を表現するために、言語と法的手続きの不変の形式的構造を用いる確信を見いだすことができる。法の形式上の構造は、ふつうの市民が、法人的組織体の利害と対立する自分自身の実際的な利害を、社会に対して提起しうる手続きをいまなお提供しているのだ。その法人的組織体が国家の一機関であろうと、法人的組織体の利害が現在機能している計画または新たに提案された計画に一致しようとあるいは反しようと、いま述べたことにはいささかの変りもない。

言語や法の堕落した用いかたの達人である専門家たちが、突然明晰にものを考え正しい途を歩めるようになるなどと期待するのは、ばかげたことであるだろう。学校の破産に気づいている教育者たちはふつう、もっと多くの人々にもっと多くの物事を教えることを彼らに可能にしてくれる専門家の意見を、狂気のように探し求めるものだ。医者たちは、彼らが保持している一般的に有用な知識のうち少なくともある部分は、自分たちが用いる神聖な暗号体系をぬきにしてはいい表わせないと信じがちなものだ。アメリカ医学会や国民教育協会や、あるいは交通工学学会に、彼らの同僚の職業的ギャング行為をふつうの言葉で説明してくれるように期待しても、むだというものである。今日の立法府の議員や弁護士や判事が正しいことというのは先入観的な善とは無関係だと認識するのをあてにするのは、同様にみのりのないことであろう。というのは、彼らにとって先入観的な善とは、法人的組織体による財貨のより高い産出と同義であるからである。彼らはいかなる対立であろうと、総体的な産業成長の肩をもって調停するように訓練されている。しかし、例外的な医者があちこちにいて、人々が責任をもって生き、当然のことながら病に苦しみ死に直面するように助力してくれるのと同様に、例外的な法律家は、人々が法の形式上の構造を用いて自立共生的な社会における自分たちの利害を主張するように助力することができるのである。そういう法律家は自分の主張をたぶん阻まれるにしても、彼は自分の意見を述べるために法廷で演じられるドラマを活用することができる。

道具の膨張に対する楽観論でみちみちている社会に悪用された法的手続きは、そういう道具のために人々を社会的に管理する最も効果的な装置と化してしまった。産業主義社会の前進をめざして法律は、社会工学のために、また超科学技術機構《メガマシーン》のむだと摩擦をたえずより完全かつ効果的に除去するために、系統的に利用されている。英米系統の産業は社会主義国の産業より、一貫して長期的な成功を収めてきた。法は人々を機械の支配のもとに置きそして置き続けるうえで、中央集権的計画より能率がいいのだ。しかし、法の構造が今日適用されていることは、それを正反対の目的に用いることに反対する妥当な論拠にはならない。もっともそのような悪用は、法の構造のそういう逆倒した用いかたに過大な楽天的期待をもつことを用心するように示唆してはいるのだが。

今日の法律の立法者の大部分、今日の法廷とその判決の大部分、原告とその訴えの大部分は、その上を覆う産業主義的な合意、すなわち、より多いということがよりよいことであり、人間より法人的組織体のほうが公益に役立つという合意によって、深く堕落させられている。だが、こういう合意が根を張っているからといって、法と政治の手続きの形式の利用を等閑視する革命はいかなるものであろうと失敗するという私の命題が無効になるわけではない。その内部であらゆる個人と集団が自分自身の道理にもとづいて自分の権利を主張し、その成員が同一の自立共生的手続きを共有するような能動的な多数派のみが、法人組織体に対抗して人間の権利を回復しうるのだ。

われわれの主要な諸制度の行く手をふさぎそれをおしとどめ逆倒するという目的にそういう手続きを行使することは、制度の管理者や中毒者には法の悪用とみえ、彼らが認める唯一の秩序を転覆するものにみえるだろう。しかるべき自立共生的手続きを行使することは、官僚にとっては、たとえ裁判官と称するものであっても、不純で犯罪的なことに思えるのである。

V　政治における逆倒

きわめて近い将来のうちに、人間が道具の環境に対する干渉に限界を設定することができず、効果的な産児制限を実行できないなら、次の世代は多くのエコロジストによって予言された背筋の凍るような黙示録的光景を経験することだろう。こういう切迫した災厄に直面して、社会は官僚制的独裁によって設定され強制される限界内での生存という未来図をじっと待ちうけることもできる。あるいはまた、法的政治的な手続きを活用することによって、政治的過程に参与することもできる。過去についてイデオロギー的に歪んだ解釈がなされているために、政治的過程を正しく認識することはますます困難になっている。自由は強力な道具に対する権利、すなわち資本主義国家では個人や私的団体が社会主義社会では国家が、分別もなく無制限に要求する権利と解されるに至っている。再生は、西欧社会の基本構造が明確に認識されその回復が求められる場合にのみ、実現可能なのである。かつての政治的または文化的な植民地諸国が西欧的生産様式をふりすてる場合には、まったく異なった形式的構造を回復する似たような努力が必要になるだろう。

人間を官僚的に管理して生きのびさせようとするのは、倫理・政治両面の根拠からして受けいれることはできない。そうすることはまた、それに先行する大衆的な矯正療法《セラピー》の企てと同様、不毛であるだろう。このことはもちろん、大多数の人々がはじめのうちは官僚的管理に従わないだろうという意味ではない。人々が人口増大と資源減少のふえいく証拠におびやかされて、自分たちの運命を独裁者たちの手に自発的にゆだねるというのは十分に考えられることだ。人々の面倒をみる技術官僚があらゆる次元での成長への限界設定を委任され、その諸限界を、これ以上の成長が完全な崩壊を意味する臨界点ぎりぎりに設定することだって考えられる。こういう悪の楽園《カコトピア》はたえうる限度での産出の最高水準に、産業主義時代を維持することもできるのである。

そうなれば人間は、自分を保護して生きのびさせ、しかも生きのびることをますます無価値にするような、プラスティクのドームの中で生きることになるだろう。人間の受忍限度は成長のもっとも深刻な限界になりうるのだから、理性の夢にかこまれて生きるのに適した怪物的タイプの人間をつくりだそうと企てる錬金術師の営為がふたたびよみがえるだろう。より以上の成長の条件として、人間自体を心因的に道具化することが、工学の主な機能となるだろう。人々は誕生から死にいたるまで世界規模の校舎に閉じこめられ、世界規模の病院で処置を受け、テレビジョン・スクリーンにとり囲まれることになり、そういう人工的な環境が世界規模の牢獄と区別されるのは名前だけということになるだろう。

管理的ファシズムに代る選択は、政治的手順によって、社会のどういう成員であれその人が希少な資源のうち請求できるのはどれだけか決定するという途である。人々はそういう政治的手順によって長期間、諸限界を比較的安全に保つよう合意するのだし、またそういう手順によって、より少ないものでより多くのことをやりとげる仕事に、人口のますます多くの部分を参加させる新しいやりかたの不断の探索に対して、報奨を与えるのである。こんなふうに質素な社会を政治的に選びとることは、これから述べる三つのことが必要であるばかりか可能であることが明示されないかぎり、敬虔な夢にとどまる。第一に、いっそう多くの人々がわれわれの今日の危機の性質について啓発され、諸限界は必要だし自立共生的《コンヴィヴィアル》な生活スタイルは望ましいということを理解するようになるための具体的な手順をはっきりさせること。第二に、人々の質素に暮す権利を要求し、人々を自立共生的な生活に満足するように、従ってまたそれに深く関与するようにしむける集団に——そういう集団はいまは抑圧されているのだが——最大多数の人々を導きいれること。第三に、あるひとつの社会内で受けいれられる政治的ないし法的道具を再発見、再評価するとともに、その芽生えがあるところではどこででも自立共生的な生活をうちたて擁護するために、その道具を活用するしかたを学ぶこと。こういう手順は現時点では理想主義的に聞えるかもしれない。だがそのことは、今日の危機が深まったときに、そういう手続きが効果を発揮しうることへの反証とはならないのだ。

1　神話と多数派

社会の再建にとっての究極の障害は、限界設定の必要に関する情報が不足していることではなく、また、限界が避けられぬのならそれを受けいれようという大衆の不在でもなくて、政治的神話のもつ支配力なのである。

富める国々ではほとんどすべてのものが破滅的な消費者である。ほとんど誰もがなんらかのしかたで、環境に対して侵害を加えている。破滅的な消費者は数の上の諸多数派を構成している。神話はそれを政治的多数派に変容させる。数の上の諸多数派はありもしない争点をめぐる神話的投票ブロックを形成するに至っている。つまり〝彼ら〟は成長に対する既得権益の不敗の守護者として、呪文で呼び出されたのだ。政治的行動を麻痺させるのは、こういった神話的多数派である。こまかくみてみると、〝彼ら〟は道理をわきまえた個々人の集まりなのである。あるものはジェット機に乗って環境保護会議に出席するエコロジストである。またあるものは、仕事が希少なものになるのは効率の増大のためだと熟知していて、新しい雇傭の源をつくりだそうとしている経済学者である。その両者とも、カラーテレビを分割払いで購入するデトロイトのスラム住民とは利害をともにしていない。三者が成長を擁護する同一の投票ブロックに属していないのは、仕事を失うのを恐れ、車を必要としており、子どものために薬がほしいからといって、店員と修理工とセールスマンが政治的に同質でないのと同様である。

争点がまだ生れていないのに、それに反対する多数派などというものが存在するはずがない。成長に限界を設定することに賛成の多数派というのは、いかなる代償を払おうとも成長を要求する多数派と同様、滑稽な概念である。多数派というものはイデオロギーの共有によって生れるものではない。それは教えこまれた私的利害から育つのである。最上のイデオロギーといえども、せいぜいできるのはこの利害を解釈することである。ある社会的問題が圧倒的な脅威になるとき、個々の男女がとりうる姿勢は、ふたつの要因にかかっている。ひとつの要因は、どのようにしてくすぶっている対立が噴出して、関心と党派的行動を要求する政治的争点を形成するかということであり、もうひとつの要因は、いまのところ予想されない新しい利害の調整のための枠組を提供しうる新しいエリートの存在である。

2　崩壊から混沌へ

どのようにして産業主義社会の崩壊が究極的に重大な争点となるか、私はただ推測するほかはない。しかし、きたるべき危機の範囲内での指針を提出する資格についてなら、かなり強い申立てをすることができるはずだ。私は成長は停止すると思う。生産に対する産業主義的独占の全面的倒壊は、その拡大を支えていた多様なシステムの破産の相乗作用の結果であるだろう。こういう拡大を維持しているのは、細心なシステム工学によって安定的調和的に現在の成長を持続できるという幻想である。ところが実際は、そのシステム工学があらゆる制度を同時的に第二の分水嶺に向けて押しやっているのだ。人々はほとんど一夜のうちに、主要な諸制度に対してのみならず、自称危機管理者の奇蹟の処方箋に対して信頼を失うだろう。教育・健康・福祉・交通・ニュースといった価値を定義する現行制度の能力は突然に失われるだろう。というのはいつかはそれが幻想であることが認識されるであろうから。

こういう危機は、大恐慌の発端がウォール街の暴落であったように、予期せぬ出来事によって惹き起されるかもしれない。なんらかの偶然の符合によって、われわれの主要な諸制度における表明された目的と実際の結果との構造的なくいちがいが大っぴらになるだろう。人々は、いまは少数の人にしか明白でないこと、すなわち全経済を〝よりよい〟生活にむけて組織することが、〝よい〟生活の主な害敵となっていることを、突然明白にさとるだろう。ひろく共有されたほかの洞察とおなじく、この洞察は公衆の想像力をひっくり返す潜在能力をもっている。もろもろの大制度がまったく突然に公共の利益に奉仕しているという体面と正統性と名声を失う可能性がある。これは宗教改革ではローマ教会に、フランス革命では王権に起ったことである。そのときは、思いもよらぬことが一夜で明白になった。すなわち人々はやろうと思えば支配者の首を斬り落すことができるし、またそうするだろうということが。

急激な変化はフィードバックとか進化とは種類の異なる事柄である。滝壺にできる渦を観察するとよい。水位が高かろうと低かろうと、何年ものあいだ渦はおなじ位置にとどまっている。それから突然もうひとつ石が滝壺に転がり落ちると、配置全体が変化し、もとの配置はけっして戻らない。絶望的なほど成長志向の多数派という亡霊を呼びだす人々は、崩壊期の政治行動を心に思い描く能力がないらしい。一般大衆が紙幣に対する信頼を失うときばかりでなく、産業主義的生産性への信頼を失うとき、いつもどおりに取り引きをやってゆくわけにはいかないのだ。

それぞれのシステムを別個に切り離した見地から、われわれの様々なシステムのどれかひとつの崩壊と取り組むことは、いまはまだ可能だ。有効な対策があるとも思えないが、それでもなお、提案されたあらゆる対策を支持するための手立ては見つかるものだ。政府は、公益事業の破綻、教育制度の混乱、たえがたい輸送機関、法的手続きの解体、若者たちの暴力的な離反といった問題を処理できると考えている。それぞれの問題が別々な現象として処理され、別な報告によって説明され、それぞれが新税と新計画を要求する。二者択一的な対策についてのつまらぬ論争によって、その両方とも信認を得ることになる。自由な学校対公立学校の対立は教育に対する需要を倍加する。衛星都市をつくるのがいいか通勤用モノレールを建設したほうがいいかという対立は、都市の成長を不動の事実にする。医療の専門職的基準を高めたほうがいいか、準医療的専門職をふやしたほうがいいかという対立は、健康専門職をいっそう拡大強化する。提案される対策のどれも誰かの気には入るのだから、ふつうの解決策は両方とも試みることになる。結果は、パイを大きくし、そのパイが空中楼閣であるのを忘れようと、いっそう懸命になることでしかない。

大恐慌の警戒信号に対するクーリッジ大統領の対処のしかたは、よりいっそう根元的な危機の兆候に対していまでも応用されている。一般システム分析は諸制度上の破綻を相互関連的に把握するものとして信頼されているが、それはただ、人口、豊かさ、非効率的産業に対する管理を達成するために、よりいっそうの計画化と中央集権と官僚制をもたらすにすぎない。製造部門における失業は、意志決定、管理、介入的治療《セラピー》の産出の成長によって補うことができると仮定されている。産業と機械制生産に魅入られて、人々はいまなお、いくつかの異なる生産様式が相互補足的に働く脱産業主義社会の可能性に対して盲目なままでいるのだ。高度に産業主義的でなおかつ生態学的に現実性のある一時代をひらこうとして、彼らは生活のバランスの諸次元のうち、他のいくつかの非物質的でおなじく基本的な次元での破綻をはやめている。

たんに産業主義社会内に生じた最初の危機というのではなく、産業主義社会そのものの最初の危機の触媒として、ウォール街の暴落の役割を果すのが、どういう一連の出来事であるのか予言するのは、たんなるお占いでしかないだろう。といって近い将来に、道具の成長を頓挫させるような影響をもつ出来事が生じないときめこむのは、おろかなことである。そういうことが起ったとき、倒壊にともなう騒音に目がくらんで、倒壊そのものを適切な見地からとらえそこなうというのもありそうなことだ。

到来しようとする危機の諸原因を理解し、危機に対して身構えるチャンスはまだある。もし危機のもたらす結果を未然に防ぎたいのならば、急激な変化がどのようにしてそれまでは水面下に沈められていた社会集団の力を発現させるかということを研究しなければならない。こういう集団をつくりだすのは災厄それ自体ではない。いわんや災厄がその発現をうながすのではない。ただし災厄は、抑圧されたものを社会過程への参加から排除してきた優勢な力を弱体化するのである。管理を弱体化し、地位を固めた管理者たちをぐらつかせ、方向を見失わなかった人々を表面におしだすのは、驚きの力なのである。

管理が弱体化すると、管理するのに慣れたものたちは新たに同盟者を求めねばならない。経済と産業が弱体化した大恐慌期の状態では、体制側は組織労働者なしにやって行くことができなかったし、そういうわけで組織労働者は体制内で権力のわけまえにあずかったのだった。第二次大戦中に労働市場が弱体化したとき、産業は黒人労働者なしにやっては行けなかった。そこで黒人は自分たちの力を誇示しはじめたのである。

3 危機の洞察

生産に限界を課そうとする諸力は社会の内部ですでに作用している。公開された、管理に対抗する研究《カウンタフォイル・リサーチ》は、こういった個々人が、破壊的とみなされる成長を告発するにあたって、いっそうかたく結びつき、いっそう自覚を深めるうえで大いに役立つにちがいない。彼らの声は過剰生産社会の危機が尖鋭化するにつれて、新たな反響を得るものと予想してよい。彼らはべつに選挙地盤をかたちづくるわけではないが、誰でもが潜在的にその一員である多数派のスポークスマンであるのだ。危機のやって来かたが予測されぬものであればあるほど、それだけ急激に彼らの淡い望みは計画的な見通しに変る。しかし、いざというときに出来事を方向づけられるかどうかは、これらの少数派が危機の深い本質を正しく把握できるかどうか、さらにその把握をうまく言葉にいいあらわせるかどうか、つまり、自分たちが望むことと、自分たちにできることと、自分たちに必要ないこととをはっきり述べられるかどうかにかかっている。ふつうの人の言葉を批判のために用いることが、政治的逆倒における第一の要点なのだ。ただし、必要とされる要点はもうひとつある。

これ以上の成長は、多次元的な大破局に行きつくにちがいない。破局に至ることなく人々が成長に対する多元的な制限を受けいれるなど、とてもありそうもないことにみえる。避けがたい破局的出来事とは、文明の一危機であるかそれとも文明の終末であるかのどちらかであろう。つまり人類絶滅による終末か、T・E・フレイジアのような人物によって管理される、B・F・スキナー流の世界規模の集中収容所という形の終末のどちらかである。このように予知可能であっても、破局は、それが起った瞬間に必須の社会的要求がはっきりと表現されるのでなければ、ほんとうの危機、いい換えれば選択の機会となることはできない。そういう要求は、今日の産業主義的幻想の崩壊こそ効果的で自立共生的《コンヴィヴィアル》な生産様式を選びとるための必要条件であることを論証できる人々によって提示されねばならない。そういう諸グループを用意することこそ、現時点での新しい政治の中心課題なのである。

そういう諸グループが、破局的な出来事についての論理的一貫性のある分析を提供し、さらにその分析をふつうの言葉で人々に伝える用意ができていなければならぬことはすでに論じた。限界を課された社会で必要とされる事柄を、誰の心にも訴える実際的な言葉で提示するように、こういう諸グループの心構えがなされねばならぬこともすでに論じた。人々の様々なグループが自分たちが欲する事柄を獲得するには、あるいは少なくとも、たえがたくなってしまっている事柄から解放されるには、避けがたい代償として犠牲を払わねばならぬということが、明示されねばならない。しかし、諸限界を必要かつ魅力あるものとして述べるように言葉を使用するということのほかに、こういった諸グループの指導者は、すべてのものにとってよいものとは何かということを定めるのに適した社会的道具を使いこなす心構えがなければならない。それは言語のように、すべての人から重んじられる道具でなければならない。言語のように、近年の歴史においてそれが利用されてきた目的のためにその能力を失うということはなかった道具、さらに言語のように、悪用されたからといって全面的に堕落することはない基本構造をもつ道具でなければならない。

すでに述べたことだが、こういう道具だけが政治と法の形式上の構造であることができるのだ。たんに財政上のというよりむしろ産業全般にわたる崩壊が生じたそのときに、破局が意義深い危機に転じることができるかどうかは、ものごとをはっきりと考えたり感じたりする人々の一団が出現して、仲間たちの信頼をかちとることができるかどうかにかかっている。彼らはそれから次のように主張せねばならない。すなわち、自立共生的な社会への移行は、訓練を積んだ手続きを自覚的に行使することによって、対立する諸利害の合法性と、その対立を生じさせた歴史的先例と、仲間たちの決定に従う必要とを認識した結果でありうるし、またそうでなければならない、と主張しなければならない。制度の革命がその達成目標が法制化されたものとして現れるような道具であり続けるように保証してくれるのは、自立共生的に行使される手続きなのだ。つまり、たえず反官僚的な意味において手続きを自覚的に行使することが、革命それ自体が体制と化すことを防止する唯一の手立てなのである。こういう手続きを社会の全主要制度の逆倒に応用することを文化革命と呼ぶか、法の形式上の構造の回復と呼ぶか、参加的社会主義と呼ぶか、スペイン慣習法《フエロス・デ・エスパーニャ》[17]の精神への復帰と呼ぶかは、たんなる名辞の問題にすぎない。

4　急激な変化

関心集団の出現とその事前的な準備について語るとき、私は行動集団とか信仰集団とか新しい種類の専門家集団のことを言っているのではない。とりわけ、危機に際会して権力をひきうける用意のある政党のことを言っているのではない。危機を管理しようものなら、破局はとり返しのつかないものになる。よく組織されよく訓練された政党は、なさるべき選択がひとつの総体的なシステムの内部での選択であるような危機においてならば、権力を樹立することができる。たとえば大恐慌がそういう危機であった。争点となっていたのは生産の諸道具に対する管理であった。東ヨーロッパでマルクス主義者を政権につけた出来事も、そういう性質のものであった。ところが、私が差し迫ったものとして述べてきた危機は、産業主義社会内部の一危機ではなくて、産業主義的生産様式そのものの危機なのである。私が述べてきた危機は、自立共生的《コンヴィヴィアル》な道具か、それとも機械に圧しつぶされるかという選択に、人々を直面させる。この危機に対する唯一の対応のしかたは、危機の深さを完全に認識して、避けがたい自主的限界設定を受けいれることとしかない。関心集団がこういう洞察をわかちもつさいの視角が様々であればあるほど、また、社会内部の力能の縮小によってのみ保護することができる諸利害がたがいに異なるものであればあるほど、不可避なものが不可避なものとして認識される公算は大きい。

私が語っているのはまた、なんらかの抽象的な原理にもとづいて成長に反対する多数派のことでもない。そういう多数派は実際にはありえないものだ。反成長的な教説を声高に説いてまわる、組織されたエリートというものは、実際に考えられる存在である。それはたぶん、今日形成されつつあるのだろう。しかし、こういう計画的な反成長を説くエリートは、きわめて望ましくない存在である。現代社会の基礎的な産業主義的構造を問うことなしに、たんなる産業の産出物の制限を受けいれるように人々をせきたてることによって、彼らは必然的に、最適成長をめざす官僚たちにより多くの権力を与え、彼らの走狗となるに至るだろう。そういうエリートが考えているのは定常状態にある産業主義経済に向けての移行であるが、その移行がもたらす最初の結果のひとつは、労働集約的で高度に技能的でしかも成長的な副次的生産部門の発達であるはずだ。そういう副次的生産部門の職を与えることで人々を管理するのである。こういう、高度に合理化され規格化された商品やサービスの安定的な生産は、仮にそういうことが可能だとしても、今日われわれがもっている産業主義的成長社会以上に、自立共生的な生産とははるかにほど遠いのである。

限界を課された社会の支持者は、なんらかの種類の多数派にまとまる必要はないのだ。民主主義における多数派選挙民というものは、なんらかの特定のイデオロギーや特別な価値観に全成員が自覚的に関わることで形成されるわけではない。ある特定の制度的限界設定に賛成する多数派選挙民でも、非常に異なった要素から成り立っているはずだ。すなわち、過剰生産のある側面から深刻な被害を受けている人々もいれば、それから利得を得ていない人々もいれば、社会組織全体に異議をもっているが、特定の限界設定には直接反対はしないという人々もいるはずだ。通常の政治の時代にこういったことがどう作用するか、学校の例をとるとよくわかる。子どもがいないので、学校のための税金をとられるのに腹を立てている人もいる。他の地方の仲間より、税金は重いのに見返りは少ないと感じている人もいる。子どもを教区付属学校へやるつもりなので、学校に税金を交付するのに反対な人もいる。義務的な学校そのものに反対な人もいる。反対なのは、義務的な学校は若者に有害だという理由からだったり、それが差別を助長するという理由からだったりする。こういった人々はすべて、ひとつの多数派選挙民を形成することはあるだろうが、政党や党派を形成するわけではない。今日の諸事情のもとでは、彼らは学校の規模を縮小することには成功するかもしれないが、そのことによって彼らは、学校が合法的なものとしてさらに存続することを確実にしているにすぎないのだ。ある主要制度への限界設定に投じられる多数派の票というものは、企業がそのままであるかぎり、現状維持になりがちなのである。

しかし多数派というものは、より深いレベルで社会に影響するような危機においては、逆の効果をもつことがある。いくつかの制度が同時に第二の分水嶺に達することが、そういう危機の始まりなのである。つづいて起る崩壊は、たんなる産業主義社会の個別的制度ではなく、産業主義社会そのものが効率性の範囲をこえて成長してしまったことを明らかにするにちがいない。

国民国家は本来の機能を果すことができないほど強大なものになってしまった。ボー・グェン・ザップ将軍[18]が合衆国軍隊の兵器を用いて戦争に勝つことができたように、多国籍企業と多国籍専門職はいまや、自分たちの帝国を樹立するために、法律や二党制度を利用することができる。しかし、合衆国の民主主義はザップ将軍からうち負かされても生きのびることができるが、もしＩＴＴ（国際電信電話会社）やその同類からうち負かされれば生きのびることはできない。全面的危機が近づくにつれて、国民国家が自己の利益をはかる道具複合体に奉仕する持株会社に変貌し、政党が委員会や議長のそのときどきの選出のためにその株主を組織する道具に変貌してしまったことが、ますます明白になる。こんな状況にあっては、政党が支持するものといえば、より高水準の個人的消費を要求し、またそれゆえにより高水準の産業的消費を強請する個々の有権者の権利にすぎない。人々は車を要求することはできるけれども、車は有用だと裁定するようなある交通体系が社会の全資源を占有するのは、専門家がそう決定したからこそであるのだ。こういう政党は、GNPの増大を支えるのを唯一の目的としている国家を支持するものであり、全般的崩壊の時期にはあきらかに無用の存在なのである。

企業経営が正常であれば、法人組織体とそれへの依存者との手順上の対立は、ふつうは後者の従属をより正当化するものだ。しかし、構造的危機の時期には、主要な制度の側で過剰効率性を自発的に縮小したとしても、どの主要制度も機能を維持できないはずだ。全般的な危機は社会の再構築の途をひらくものである。持株会社としての国家の合法性が失われたからといって、憲法の保証する手続きの必要性が失われるわけではなく、むしろ再度強調されるのだ。法人組織体の株主の徒党と化した政党への信頼が失われると、政治における当事者的手続きの重要性が浮び上がる。個人的消費をふやすことを求めて対立しあう要求への信頼が失われれば、その結果、裁定されるべき争点が社会規模の限界設定のとりあわせどうしの対立を調停することである場合、当事者的手続きを行使することの重要性がくっきりと浮き立つばかりなのだ。独裁者の支配や専門家による統治やイデオロギー的正統性に容易に行きつく可能性もある全般的危機こそまさに、万人が参与する政治過程を再構築する好機なのである。

政治的手順と法的手順の諸機構はたがいに不可欠である。両者あいまって歴史上の自由の構造をかたちづくり、表現する。このことが認識されるならば、適正な手順の枠組を政治的領域でのもっとも劇的で象徴的で自立共生的な道具として用いることが可能になる。社会が法的機構の利用を特権化している場合でも、体系的に公正を否認している場合でも、法廷劇のマントによって専制を蔽いかくしている場合でも、法に訴えることは強力な行為なのだ。ふつうの言語と手続きの形式上の構造を支持するものが、仲間の革命家たちの軽蔑や嘲弄や迫害を買おうとも、ひとりの個人が一国民の歴史に埋めこまれた形式上の構造に訴えることは、真実を語る最も強力な手段であり、また、生産に対する産業主義的支配が癌のように優越になっていくのを、偶像崇拝として弾劾する最も強力な手段であり続けるのだ。歴史からとりもどされた言葉だけが、災厄をくいとめる武器として私たちに残されているという事実に直面すると、私はたえられぬほどの痛苦を覚える。それでもなお、災厄の避けがたい暴威を、自立共生的な再構築へと革命的に転回させるいとなみに、大多数の人々を協同させることができるものは、弱きものとしての言葉あるのみなのだ。

再構築とは貧しい国々にとっては、産業主義以後の自立共生《コンヴィヴィアリティ》の時代にむけてじかに進むために、道具がその範囲内にとどまるべき否定的設計基準の一組を採用することを意味する。選ぶべき諸限界は、高度に産業主義化された国々が、生きのこるために既得権益を犠牲にして採用すべき諸限界と同じ種類のものである。このような社会の再構築は強力な軍隊で支援されうるものではない。というのは、そういう軍隊の維持は再構築を挫折させるであろうし、さらには、そういう軍隊はどんなものであろうと、再構築を防衛するような力はもたないからである。自立共生《コンヴィヴィアリティ》の防衛は、自分たちが統御する道具を装備した大衆によってひきうけられてこそ可能なのである。帝国主義の傭兵どもは、自立共生《コンヴィヴィアリティ》のために道具に限界を課すことを選びとった一国民を毒殺したり不具化したりすることはできても、彼らを征服することはけっしてできない。

註

はじめに

（1）ヒューゴー・ラーナー『遊戯における人間』ニューヨーク、一九七二年。（原註）

Ⅱ　自立共生的な再構築

（2）学習者自身の自発的操作によって条件反応がおきる条件づけ。

（3）ここでは錬金術と教育がダブルイメージで述べられているので、訳文でそのニュアンスを出すのはむずかしい。「その精神」は原文では'their spirits'であり、theirは「劣位要素base elements」を受けている。つまり錬金術は濃縮（graduate）を重ねることで劣位要素のspiritsを高いstageにひきあげて行くのだが、劣位要素とはむろんこの場合生徒たちのことであり、graduateには「修業させる」という意味がかけられているわけである。

（4）錬金術師が教師と教育学者の暗喩となっていることはいうまでもない。教育の失敗が何度明らかになっても、彼らは失敗の科学的理由を見つけて、ふたたび教育を開始するのである。教育とは絶対に成功することのない錬金術だというイリイチの含意がこめられている。

（5）錬金術をさす。

（6）小人の意。パラケルススは精子をレトルトに密閉すると、神秘な智恵と妖精のような活動力をもつホムンクルスが生じると主張した。ゲーテの『ファウスト』第二部第二幕「実験室」の場にも登場する。

（7）larval system　幼生単為生殖（larval parthenogenesis）を念頭に置いた表現かと思われる。幼生単為生殖は吸虫類の二生類やタマバエ類でみられ、幼虫が蛹に生育する以前に体内の卵細胞が発生し、七〜三〇の幼虫が母幼虫体内にでき、母幼虫の組織を摂食し、母幼虫体を破って外に出、ふたたび同様の経過をくりかえすもの。

（8）一四八六〜一五三五年。ドイツの医者・哲学者。カバラ的神秘思想にもとづいて秘術的実践を行った。

Ⅲ　多元的な均衡

（9）ヘルベルト・マルクーゼ『一次元的人間』一九七〇年。（原註）

（10）stationary state　液体の流れ、熱の伝導、電流などの動的現象を決定する諸量が時間的に不変である状態をさす物理学用語。ここではほとんど「停滞」に近い語意。

（11）ファベーラはブラジル南東部の大都市の市内や郊外に見られるいわゆる不良住宅群、バリアーダはリマのスラム街、ポブラシオンは人の住みついた場所、市・町・村をさす。

（12）メキシコ・オアハカ州の手織物の名産地。

（13）ecosphere　補助具なしで正常に呼吸できる大気の範囲で海抜およそ四千メートルまでの

対流圏の部分。

(14) ジュール・ヴェルヌ『八十日間世界一周』の主人公。

Ⅳ　回復

(15) 魔法使いの弟子が呪文で水を溢れさせたが、それをひかせる呪文は知らなかったという寓話をふまえた表現で、道具をコントロールできぬものの含意がある。

(16) 真実の探究は法の公正な手続きにより行われねばならぬとする考え方で、そのためには真実発見が阻害されてもやむをえないとする点で、いわゆる実体的真実主義と対立する。

Ⅴ　政治における逆倒

(17) スペインがゴート族以来伝統的に保持してきた法典。

(18) ヴェトナム人民軍総司令官としてディエン・ビエン・フーの戦いで名声を得、のちにヴェトナム社会主義共和国副首相兼国防相となる。

訳者あとがき

本書はIvan Illich, *Tools for Conviviality*, New York, 1973の翻訳であり、テキストはHarper Colophon paperback editionによる。実は本書の訳本は、『自由の奪回』という表題で一九七九年に出版されている。であるのに、生れてこのかた翻訳なるものとは縁のない素人の私がしゃしゃり出て、あえて本書を訳し直さねばならなかった理由からまず書いておこう。

私がイリイチに一応の関心を抱くようになったのは七、八年前のことだったと思う。外国語文献はよほどの理由がなければ一切訳本に頼ることにしている私であるから、『脱学校の社会』から始まって手に入るかぎりの訳本にひとわたり目を通した。イリイチ研究者の山本哲士氏によれば、イリイチの邦訳の質はそうとう悪いとのことだが、それでも一応何を言っているのかはその訳本でわかったのである。ところが『自由の奪回』だけにはさすがの私も降参した。

翻訳本がわかりにくいのは然るべき理由があってそうなっているので、少々のわかりにくさや読みづらさは初手から覚悟している。ところが、わからぬ本をわからぬままになんとか読みあげるのを得意としているこの私が、三十ページも行かぬうちに挫折した。とにかく、何を言っているのかがわからないのだ。もちろん、イリイチが狂人でないかぎり、訳に問題があるにちがいない。そこで日頃横着な私が、ひとつ英語で読んでみようという殊勝な発心を起したのである。

原本で読んでみると、訳本で読めなかった理由がすぐわかった。世に行われている翻訳にこういうしろものが混っているとは、まさか想像もしていなかった。英語がわからないのに訳ができるはずもない。私は正直に疑問をもった。自分が読めもしない本をなぜ訳すのだろう。出版界ではよほどの理由がなければ、既訳のある書物の別訳を出版することはない。だから、わけのわからない訳本を出すのはよくよく罪深い行為なのだ。

この本はイリイチの著作のなかでも、戦略的な高地を占める本といっていい。イリイチが論壇の話題となったのは、なんと言っても『脱学校の社会』、それに続く『エネルギーと公正』『脱病院化社会』で示された、教育・交通・医療に関する衝撃的な提言によるところが大きい。そのような提言の根底をなす現代文明に対する彼のトータルな批判的視角は、むろんその三著の随所で示されてはいたものの、もうひとつわかりにくかったり、舌たらずであったりするきらいがないではなかった。それに対して『コンヴィヴィアリティのための道具』は、前述の三著に対するいわば総論の位置を占め、イリイチ独自の立脚点の全貌を構造的に提示するものになっている。もしこの本がわかる訳本として紹介されていれば、わが国でのイリイチの受けとめかたはよほど今とは違ったものになっていたのではなかろうか。

むろんイリイチはその後、『シャドウ・ワーク』『ジェンダー』『H_2Oと水』、とくにあとの二著によって、後期イリイチともいうべき未踏の世界を拓きつつある。しかし後期イリイチの展開を正当に受けとめるためにも、前期の理論的構築を総括する位置にある本書の咀嚼は欠くことができない。いや、後期の展開いかんにかかわらず、本書はそれとは独立に、産業主義文明の根底的な解剖として圧倒的な解析力を示しており、それ自体徹底的な検討の対象となるべきであろう。素人の私があえてしゃしゃり出て訳を試みたのは、一人でも多くの心ある人に、本書の理論的展開ととりくんでほしい一心にほかならない。

イリイチについては熱心な研究者もいらっしゃることではあり、イリイチ学のごときものも形成されているらしいので、タームの訳語についてはいくらか気を遣わないわけにはいかなかった。しかし私は批議は覚悟のうえで、一切を私の考えで押し通すことにした。

最大の問題はconvivialityをどう訳すかということである。そのまま「コンヴィヴィアリティ」でいいではないかというのが出版社の意向で、まあ、研究者の世界ではそれでいいのだろうが、昔気質の私としては、ふつうの読者に原語そのままで読ませるというのは許されぬことに思えて仕方がない。「自立共生」という訳語を当てた次第だが、批判は人に任せる。しかし、コンヴィヴィアリティについては、イリイチ本人が本文中でその語義を説明しており、それに最も近い日本語は「自立共生」しか私は考えつかぬのである。自立は英語でいうとindependenceだからイリイチの真意から遠いとか、共生といえば共同体の匂いがしてイリイチの意に反するとかという批判は、なにかとらわれた読みこみであり、自立も共生も、イリイチのテキストにそった理解とけっして抵触するものではあるまい。ただし、自立共生などというこちたい字面は私の好むところでもなく、原語のあのたおやかで強靭な肉感性とはほど遠いことも認めないわけにはいかない。仕方がないので、全部コンヴィヴィアリティとルビを振ることで、いささか逃げを打った。

タームの問題はきりがないので、これくらいにしておくが、私の考えでは、精緻で体系的なイリイチ解釈が学界レベルの研究として進展することはけっこうだけれど、イリイチという思想家はもう少し自由かつルーズに読んだほうがみのりは多いようだ。これはイリイチに限らぬことで、私はもう、かつてのマルクス学みたいなのはごめんなのである。マルクスの一手販売元みたいなのが方々にいて、たがいに「正しい」解釈を競い合ったなれの果てを、私たちはよく承知している。だから私は申上げておく。私はイリイチの一介の読者にすぎない。タームいじりはイリイチ学者に任せる。そちらの方が正統なら、それでけっこう。あれこれうるさい正統な研究者が一向に訳してくれないものだから、私が訳すまでだ。ただし私の訳は、一介の読者としての私の理解の上に立っているのであって、イリイチ学者の共同見解には何ら拘束されないのである。

私のイリイチに対する考え、また本書の内容に関するコメントはまたの折にゆずりたい。本書でイリイチは、読めばわかるように書いており、それ以上蛇足は必要としない。ただ、私が本書から圧倒的な啓発を受けたことだけを明らかにしておく。

長女の梨佐の名を共訳者として掲げたのは、親馬鹿も三分はあるかもしれないが、七分はそうでない。五年間の勤めをやめて大学院に進む準備をしている彼女と、週一回この本を訳読したのが、今回の翻訳の発端だった。彼女が毎回訳文を用意し、それを私がチェックするかたちで進めたので、彼女は結局本書を全部翻訳することになった。実際の私の訳業では、その下訳は参考程度にとどめられたが、下訳を作った事実に変りはない。また、人名その他不明の箇所を調べてくれたのは彼女であり、たとえばconvivialにしてもkakotopiaにしても、彼女がOEDの記載を図書館で調べてくれたのであった。

また西園寺明治氏（熊本商科大学）は、私の訳稿を全部原文とひきあわせてチェックしてくださった。思わぬ誤訳からかなり救われたのは氏のおかげである。思えばこれは厖大な労役であって、氏の無私の友情には謝すべき言葉がない。さらに、生物学関係では南野稠氏（尚絅短期大学）、医学関係では山本哲郎氏（熊本大学医学部）に教示を賜わった。併せて謝意を表したい。

日本エディタースクール出版部の吉田公彦さんは私の数少ない旧友である。私の訳稿を出版してくださるご好意と寛容に深くお礼申上げたい。

一九八八年十二月二十三日

渡辺　京二

文庫版訳者あとがき

『コンヴィヴィアリティのための道具』を文庫にいれて下さるという。何よりもイリイチのためによろこびたい。イリイチは八〇年代のひととき、爆発的に日本の言論界に受けいれられ、『ジェンダー』の刊行とともに、家父長制を肯定するものと攻撃されて、急速に忘れられた。この国の流行のはかなさを物語る一事例である。

だが、イリイチの高度産業社会に対する問題提起は、今日なお有効な長い射程を持っていた。近年のセルジュ・ラトゥーシュや広井良典などの脱成長派の言説は、イリイチの先行業績がなければ出現しえなかった。イリイチは再び読み検討するに値することだけは述べていた。このことを確認しておきたい。

この本を読んで下さった方は、イリイチの遺書というべき『生きる希望』(藤原書店、二〇〇六年刊)をぜひ読んでほしい。イリイチの考えていたことはとても深いと感じて下さるはずである。

二〇一五年八月一八日

訳者識

本書は一九八九年三月、日本エディタースクール出版部より刊行された。

暗い時代の人々
ハンナ・アレント
阿部齊訳

自由が著しく損なわれた時代を自らの意思に従い行動し、生きた人々。政治・芸術・哲学への鋭い示唆を含み描かれる普遍的人間論。（村井洋）

責任と判断
ハンナ・アレント
ジェローム・コーン編
中山元訳

思想家ハンナ・アレント後期の未刊行論文集。人間の責任の意味と判断の能力を考察し、考える能力の喪失により生まれる〈凡庸な悪〉を明らかにする。

政治の約束
ハンナ・アレント
ジェローム・コーン編
高橋勇夫訳

われわれにとって「自由」とは何であるのか——。政治思想の起源から到達点までを描き、政治的経験の意味に根底から迫った、アレント思想の精髄。

プリズメン
Th・W・アドルノ
渡辺祐邦／三原弟平訳

「アウシュヴィッツ以後、詩を書くことは野蛮である」。果てしなく進行する大衆の従順化と、絶対的物象化の時代における文化批判のあり方を問う。

スタンツェ
ジョルジョ・アガンベン
岡田温司訳

西洋文化の豊饒なイメージの宝庫を自在に横切り、愛・言葉そして喪失の想像力が表象に与えた役割をたどる。21世紀を牽引する哲学者の博覧強記。

事物のしるし
ジョルジョ・アガンベン
岡田温司／岡本源太訳

パラダイム・しるし・哲学的考古学の鍵概念のもと、「しるし」の起源や特権的領域を探求する。私たちを西洋思想史の彼方に誘うユニークかつ重要な一冊。

アタリ文明論講義
ジャック・アタリ
林昌宏訳

歴史を動かすのは先を読む力だ。混迷を深める現代文明の行く末を見通し対処するにはどうすればよいのか。「欧州の知性」が危難の時代を読み解く。

コンヴィヴィアリティのための道具
イヴァン・イリイチ
渡辺京二／渡辺梨佐訳

破滅に向かう現代文明の大転換はまだ可能だ！ 人間本来の自由と創造性が最大限活かされる社会をどう作るか。イリイチが遺した不朽のマニフェスト。

重力と恩寵
シモーヌ・ヴェイユ
田辺保訳

「重力」に似たものから、どのようにして免れればよいのか……ただ「恩寵」によって。苛烈な自己無化への意志に貫かれた、独自の思索の断想集。ティボン編。

工場日記
シモーヌ・ヴェイユ　田辺保訳
人間のありのままの姿を知り、愛し、そこで生きたい——女工となった哲学者が、極限の状況で自己犠牲と献身について考え抜き、克明に綴った、魂の記録。

青色本
L・ウィトゲンシュタイン　大森荘蔵訳
「語の意味とは何か」。端的な問いかけで始まるこのコンパクトな書は、初めて読むウィトゲンシュタインとして最適な一冊。（野矢茂樹）

法の概念〔第3版〕
H・L・A・ハート　長谷部恭男訳
法とは何か。ルールの秩序という観念でこの難問に立ち向かい、法哲学の新たな地平を拓いた名著。批判に応える「後記」を含め、平明な新訳でおくる。

解釈としての社会批判
マイケル・ウォルツァー　大川正彦／川本隆史訳
社会の不正を糺すのに、普遍的な道徳を振りかざすだけでは有効でない。暮らしに根ざしながら同時にラディカルな批判が必要だ。その可能性を探究する。

生き方について哲学は何が言えるか
バーナド・ウィリアムズ　森際康友／下川潔訳
倫理学の中心的な諸問題を深い学識と鋭い眼差しで再検討した現代における古典的名著。倫理学はいかに変貌すべきか、新たな方向づけを試みる。

思考の技法
グレアム・ウォーラス　松本剛史訳
知的創造を四段階に分け、危機の時代を打破する真の思考のあり方を究明する。『アイデアのつくり方』の源となった先駆的名著、本邦初訳。（平石耕）

ポパーとウィトゲンシュタインとのあいだで交わされた世上名高い10分間の大激論の謎
デヴィッド・エドモンズ／ジョン・エーディナウ　二木麻里訳
このすれ違いは避けられない運命だった？　二人の思想の歩み、そして大激論の真相に、ウィーン学団の人間模様やヨーロッパの歴史的背景から迫る。

大衆の反逆
オルテガ・イ・ガセット　神吉敬三訳
二〇世紀の初頭、《大衆》という現象の出現とその功罪を論じながら、自ら進んで困難に立ち向かう《真の貴族》という概念を対置した警世の書。

死にいたる病
S・キルケゴール　桝田啓三郎訳
死にいたる病とは絶望であり、絶望を深く自覚し神の前に自己をすてる。実存的な思索の深まりをデンマーク語原著から訳出し、詳細な注を付す。

ちくま学芸文庫

コンヴィヴィアリティのための道具《どうぐ》

二〇一五年十月十日　第一刷発行
二〇二五年五月十日　第十刷発行

著　者　イヴァン・イリイチ
訳　者　渡辺京二（わたなべ・きょうじ）
　　　　渡辺梨佐（わたなべ・りさ）
発行者　増田健史
発行所　株式会社　筑摩書房
　　　　東京都台東区蔵前二―五―三　〒一一一―八七五五
　　　　電話番号　〇三―五六八七―二六〇一（代表）
装幀者　安野光雅
印刷所　中央精版印刷株式会社
製本所　中央精版印刷株式会社

ISBN978-4-480-09688-3 C0110